A GUERRA É NOSSA

A Inglaterra não provocou a Guerra do Paraguai

CB016091

Proibida a reprodução total ou parcial em qualquer mídia
sem a autorização escrita da editora.
Os infratores estão sujeitos às penas da lei.

A Editora não é responsável pelo conteúdo deste livro.
O Autor conhece os fatos narrados, pelos quais é responsável,
assim como se responsabiliza pelos juízos emitidos.

Consulte nosso catálogo completo e últimos lançamentos em **www.editoracontexto.com.br**.

ALFREDO DA MOTA MENEZES

A GUERRA É NOSSA

A Inglaterra não provocou
a Guerra do Paraguai

editora**contexto**

Copyright © 2012 do Autor

Todos os direitos desta edição reservados à
Editora Contexto (Editora Pinsky Ltda.)

Imagem de capa
Pedro Américo, *A Batalha de Avaí* (óleo sobre tela)

Montagem de capa e diagramação
Gustavo S. Vilas Boas

Preparação de textos
Adriana Teixeira

Revisão
Ana Paula Luccisano

Dados Internacionais de Catalogação na Publicação (CIP)
(Câmara Brasileira do Livro, SP, Brasil)

Menezes, Alfredo da Mota
A guerra é nossa : a Inglaterra não provocou a Guerra do
Paraguai / Alfredo da Mota Menezes. – 1. ed., 1ª reimpressão. –
São Paulo : Contexto, 2025.

Bibliografia.
ISBN 978-85-7244-734-8

1. Guerra do Paraguai, 1864-1870 I. Título.

12-12324   CDD-981.0434

Índices para catálogo sistemático:
1. Guerra do Paraguai, 1864-1870 : Brasil : História   981.0434

2025

EDITORA CONTEXTO
Diretor editorial: *Jaime Pinsky*

Rua Dr. José Elias, 520 – Alto da Lapa
05083-030 – São Paulo – SP
PABX: (11) 3832 5838
contato@editoracontexto.com.br
www.editoracontexto.com.br

Sumário

Introdução

Os motivos da Guerra do Paraguai apontados nos livros brasileiros de História passam por três diferentes períodos. Num primeiro momento, que vai do fim da guerra até meados da década de 1950, os livros dão ênfase ao heroísmo nacional. Ressaltam, ainda, que Francisco Solano Lopez, presidente do Paraguai na época da guerra, era megalômano e, sem motivos, atacou o Brasil. Esse período é também dominado pelos feitos e fatos militares.[1]

O excesso de ufanismo e a culpa atribuída a Solano Lopez desfiguram, porém, os reais motivos que levam à guerra. A ressalva aparece no livro de Hélio Lobo de 1914 que caminha em direção oposta aos publicados naquele período. É uma fonte de informação que, se usada, talvez ajudasse a modificar tantas interpretações sobre aspectos anteriores à guerra.[2]

Desde a década de 1960 a história passou a ser contada de outra forma: o capitalismo e o expansionismo inglês teriam sido os culpados pelo conflito. Argumentava-se que o Paraguai estava criando um modelo de desenvolvimento autônomo na região e isso desagradava os interesses britânicos.

Nesse período, o Paraguai é ainda descrito como um país sem analfabetos e onde todos tinham terras para trabalhar. Possuía telégrafo, estaleiro, correios, fundição e tudo construído com recursos próprios. Caminhava para ser supridor futuro de bens industriais na região. Uma ação que os ingleses não iriam permitir. Daí que, para proteger seus interesses comerciais e financeiros, aquele país manipulou o Brasil, a Argentina e o Uruguai para destruir o desenvolvimento autônomo da nação guarani.[3]

Uma terceira corrente historiográfica, mais recente, defende que a guerra não teria relação alguma com a Inglaterra. Fatores locais teriam levado os países ao conflito.[4]

Mesmo com uma revisão histórica em andamento, porém, a tese de que foi a Inglaterra a mentora da guerra não desaparece do imaginário popular nacional e regional e também de livros escolares.[5] Continua sendo a aceitação mais em voga. Até a denominação da guerra segue essas tendências. Foi Guerra do Paraguai, depois Guerra contra o Paraguai, ainda Guerra com o Paraguai e até Guerra do Brasil. Cada momento da interpretação sobre o conflito na Bacia do Prata, dependendo de cada enfoque, dava um nome que parecia mais adequado.

Existem documentários em vídeos, como os de Júlio Fernández Baraibar e Sylvio Back,[6] que também dão ênfase à interpretação de que a Inglaterra foi a vilã regional. Não se encontram vídeos que defendam um ponto de vista contrário à tese mais aceita sobre o conflito.

A intenção deste livro é trazer dados e informações que mostrem que os ingleses não criaram o maior confronto armado da América do Sul. Essa ideia é ainda forte no nosso continente e se buscam mais dados e fatos para provar o contrário. Em trabalhos anteriores,[7] o autor já tratara de parte dos antecedentes da Guerra do Paraguai. Agora, com mais informações e pesquisa ampliada, a tentativa exclusiva é entender se os ingleses foram mesmo os mentores da guerra.

Será dada atenção à ação dos ingleses na região do Prata, seja nos despachos diplomáticos de seus representantes em Buenos Aires e Montevidéu para o *Foreign Office*, seja nas correspondências de Londres para eles. São dezenas de informações atravessando o Atlântico numa e noutra direção e que serão escarafunchadas para se entender se houve ou não uma maquinação externa para levar Argentina, Brasil, Uruguai e Paraguai a uma guerra.

Além disso, para ver se existiu ou não essa ação inglesa, se vai a outras fontes para tentar encontrar informações que comprovassem esse ponto de vista. Pesquisas foram feitas em publicações e documentos divulgados do Uruguai e do Paraguai. No Arquivo Histórico do Itamaraty há informações dos representantes diplomáticos brasileiros em Montevidéu e Buenos Aires e, principalmente, todos os passos da missão de José Antonio Saraiva ao Uruguai.

Buscam-se informações ainda nos Anais da Câmara dos Deputados e do Senado no Brasil entre 1860 e 1864, também na Memória Legislativa do Rio Grande do Sul e na imprensa do período. Os pronunciamentos no parlamento brasileiro, incitando o governo imperial a defender os interesses dos gaúchos no Uruguai, reproduzidos nos jornais daquele país, provocam os ânimos na região do Prata. O problema dos gaúchos no país vizinho foi determinante para levar o Brasil a invadir o Uruguai. A guerra veio na sequência. Também foi importante a participação da Assembleia Legislativa do Rio Grande do Sul com a pressão exercida sobre o governo imperial para garantir vidas e posses dos brasileiros no Uruguai.

Levou-se ao Rio de Janeiro, em março de 1864, um documento com demandas daquela província brasileira e, como diziam parlamentares e a imprensa, se não fossem atendidas poderiam provocar uma reação do Rio Grande do Sul contra o governo imperial. O Uruguai estava em guerra civil e não tinha como atender as reclamações brasileiras. O Brasil preferiu enfrentar o país vizinho ao mau humor dos gaúchos. A situação era tão confusa que brasileiros no Uruguai já estavam em armas na guerra civil ao lado do Partido Colorado contra o Partido Blanco que controlava o governo do país.

Assuntos como esse, combinados com outros tratados em capítulos do livro, são muito mais apetitosos para se trabalhar do que o mito que se criou de que a Inglaterra manipulou três países para destruir um suposto desenvolvimento autônomo do Paraguai.

Os ingleses estavam informados de praticamente tudo que acontecia na Bacia do Prata através de seus representantes em Buenos Aires (Edward Thornton) e em Montevidéu (William G. Lettsom). Os despachos diplomáticos mostram o olhar inglês sobre os acontecimentos naquele trepidante momento regional, os quais serão trabalhados em dois específicos capítulos deste livro.

É possível ainda identificar uma atuação descuidada da diplomacia brasileira em Assunção antes do conflito. Não perceber que o Paraguai de Solano Lopez era diferente de antes, não ligar para os preparativos militares que se fazia ali ou dar pouca importância ao trabalho de aproximação entre o Uruguai e o Paraguai, foram erros de avaliação da diplomacia nacional que merecem reparos.

A maior parte da esquerda latino-americana aceitava o ponto de vista de que fora a Inglaterra a mentora da Guerra do Paraguai. No capítulo final trabalha-se com alguns motivos que possam ter levado a essa aceitação. A hipótese aventada é que tenha havido uma ligação entre o caso norte-americano na América Latina no período da Guerra Fria com o entre Inglaterra e Paraguai no século XIX. Ou que as duas potências tenham sufocado o desenvolvimento autônomo de um caso e do outro.

Também nas universidades e entre muitos jornalistas e intelectuais endossava-se a tese de que a Inglaterra manipulou três países para destruir o modelo econômico autônomo do Paraguai. Espalhou-se a teoria depois pelas escolas com livros didáticos que defendiam a mesma opinião. Quando um nome do porte intelectual de Eric Hobsbawn diz que a guerra estava dentro do quadro de expansão do capitalismo inglês pelo mundo ou que Gunder Frank também interpreta o conflito como algo semelhante, isso empurra mais gente a aceitar a tese conhecida.

A guerra teria um motivo: defender os interesses do capitalismo inglês. O seu imperialismo determinava o caminho, não restava nada a fazer aos países periféricos. Tudo estaria subordinado, numa repetição antiga do recente "fim da história", aos ditames do capitalismo hegemônico inglês.

Contudo, eventos na Bacia do Prata levam ao mais longo e destruidor confronto armado da América do Sul. A guerra é nossa. Este livro não trata do desenrolar (ou qualquer outro aspecto) da guerra. A busca é somente pelos antecedentes históricos regionais que levaram àquele conflito que teve de um lado Argentina, Brasil e Uruguai contra o Paraguai, entre 1864 e 1870. A tese aqui esposada é: a Inglaterra não provocou a Guerra do Paraguai.

NOTAS

[1] Como exemplos daquele período: Tasso Fragoso, *História da Guerra entre a Tríplice Aliança e o Paraguai*, Rio de Janeiro, Biblioteca do Exército, 1956. Antonio José Borges Hermida, *Guerra do Paraguai*, em *História do Brasil*, São Paulo, Editora Nacional, 1986. Antonio de Sena Madureira, *Guerra do Paraguai: resposta ao senhor Thompson*, Brasília, Universidade de Brasília, 1982.

[2] Hélio Lobo, *Antes da Guerra: a Missão Saraiva ou os preliminares do conflicto com o Paraguay*, Rio de Janeiro, Imprensa Inglesa, 1914.

[3] Leon Pomer, *A Guerra do Paraguai: a grande tragédia Rio-platense*, São Paulo, Global Editora, 1976. Também Leon Pomer, *Guerra do Paraguai: nossa guerra contra esse soldado*, São Paulo, Global Editora, 2001. Júlio José Chiavenatto, *Genocídio americano: a Guerra do Paraguai*. São Paulo, Brasiliense, 1979. Eduardo Galeano, *As veias abertas da América Latina*. São Paulo, Paz e Terra, várias edições, sendo a primeira em 1970.

[4] Ricardo Salles, *Guerra do Paraguai: escravidão e cidadania na formação do exército*, Rio de Janeiro, Paz e Terra, 1990. Alfredo da Mota Menezes, *Guerra do Paraguai: como construímos o conflito*, São Paulo, Contexto, 1998. Francisco Doratioto, *Maldita guerra: nova história da Guerra do Paraguai*, São Paulo, Companhia das Letras, 2002. Mário Maestri, "Guerra contra o Paraguai: história e historiografia: da instauração à reinstauração historiográfica, 1971-2002", em *Revista Espaço Acadêmico*, n. 93, fev. 2009. Francisco Doratioto, "História e ideologia: a produção brasileira sobre a Guerra do Paraguai", em *Revista Nuevo Mundo*, Mundos Nuevos, 2009.

[5] Ana Paula Squinelo, *Revisões historiográficas: a Guerra do Paraguai nos livros didáticos brasileiros*, Brasília, Diálogos, 2011, v. 15, n. 1. Analice Marinho, "A História da América nos livros didáticos de História regional", em *Anais Eletrônicos* do ix Encontro Nacional de Pesquisadores de História, Florianópolis, 2011. Isabel Mir Brandt, A Guerra do Paraguai na bibliografia didática do Mercosul, Dissertação de mestrado, Universidade Estadual de Santa Catarina, 2002. Dácio Aurélio Milanese, "Sobre a Guerra do Paraguai", em *Revista Urutagua*, Maringá, Paraná, n. 5, dez./jan./fev./mar. 2004-2005. Carla V. Centeno, "O manual didático: História no município de Campo Grande", em *Projeto Araribá*, Campo Grande: Moderna, 2007. Magda M. P. Tuma, *Viver e descobrir: História*, Paraná, FTD, 2001. Ricardo Dreguer e Eliete Toledo, *História: conceitos e procedimentos*, São Paulo, Saraiva, 2009.

[6] *Genocídio americano: a Guerra do Paraguai*, direção de Julio Fernández Baraibar, nov. 2008. *Guerra do Brasil: toda a verdade sobre a Guerra do Paraguai*, direção de Sylvio Back, 1987.

[7] Alfredo da Mota Menezes, *Solano Lopez, o partido Blanco e a Guerra do Paraguai: análise da influência oriental sobre o Paraguai, 1862-1864*, dissertação de mestrado, Nova Orleans, Tulane University, 1982. Alfredo de Mota Menezes, *Guerra do Paraguai: como construímos o conflito*, São Paulo, Contexto, 1998.

O Uruguai se aproxima do Paraguai

Bernardo Berro, do Partido Blanco, era presidente do Uruguai em 1862 quando Juan José de Herrera foi enviado em missão diplomática exploratória ao Paraguai no governo de Carlos Antonio Lopez. Nas instruções que Herrera recebe para tratar com os paraguaios, mostra-se o perigo para o Paraguai e o Uruguai frente à Argentina e ao Brasil. Deveriam se precaver contra a "demagogia" que chegava à região.

A demagogia estava nas ideias liberais em expansão pela América Latina. Lideranças do Partido Unitário da Argentina, sob o comando do presidente Bartolomé Mitre, membros do Partido Colorado do Uruguai e até mesmo gaúchos brasileiros defendiam esse princípio. Os políticos do Partido Blanco e os dirigentes paraguaios se colocavam no oposto, como conservadores. A intenção da missão dos blancos em Assunção, com Juan José de Herrera, era unir os quem pensavam e atuavam politicamente dessa forma.

Carlos Antonio Lopez

Os fatos mostram que o Partido Blanco do Uruguai influenciou Solano Lopez a tomar decisões de política externa que ajudaram a provocar a Guerra do Paraguai. Por sua vez, o governo paraguaio aproveitou-se da situação pela qual passava o Uruguai e das reclamações dos dirigentes desse país contra Buenos Aires e Brasil para satisfazer seus objetivos de política externa. Essa união de interesses gerou frutos perigosos para a Bacia do Prata. É desmerecer a história regional querer culpar países de fora pelo conflito. A guerra é nossa.[1]

Em 6 de março de 1862, Herrera envia sua primeira correspondência de Assunção. É o resultado de suas conversas com o ministro da Guerra e Marinha, Solano Lopez, e o pai dele, que estava adoentado, o presidente Carlos Antonio Lopez. O encontro foi em sua casa.[2]

Herrera percebe que Carlos Antonio estava informado do que ocorria no Prata ou em outros lugares da América Latina. Conversam sobre alguns assuntos regionais, mas Herrera vai focar o diálogo inicial num ponto: o inimigo estava perto de casa, era a demagogia. Dizia que internamente os "maus filhos" aceitavam a "demagogia que tudo dissolve e que leva até à prostituição política interna e externa e longe de dar robustez e força aos países que são suas vítimas os desmembram e os anarquizam".[3]

Ambas as repúblicas, Uruguai e Paraguai, deveriam buscar

> pela união de princípios da ordem, da verdadeira liberdade e nos elementos da força, uma proteção que os amparassem, pois se assim não fosse, eles estariam condenados a presenciarem impotentes os maiores atentados contra suas existências soberanas e independentes.[4]

Herrera defendia o princípio da ordem e respeito à autoridade como a "única base durável de força". A turbulência em andamento na América do Sul era contrária ao espírito da ordem e da autoridade. Deveriam ser combatidas essas ideias e seus amigos internos.

Argumenta que o governo blanco decidira "robustecer, por todos os meios possíveis, a vida ordenada e tranquila do país, buscando estreitar as conexões que o liga a governos que professam e fomentam princípios de índole conservadora".[5]

Fala-se com todas as letras sobre a união dos conservadores e, no caso, contra os liberais. É um ingrediente que deve ser levado em conta quando se analisam os antecedentes da guerra. Ajuda a ilustrar como estava a situação no Prata, mostra como se fazia o jogo político na área. É desmerecer a história regional aceitar que uma guerra ali ocorreria somente se uma potência de fora a fizesse. Ou, mais interessante ainda, se usasse os conflitos locais para criá-la sem que ninguém da época percebesse, incluindo representantes de outros países europeus.

Carlos Antonio Lopez concordava com os argumentos de Herrera, mas dizia que seu país não tinha receio dessa invasão de ideias do exterior. O Paraguai esteve dominado por governos autoritários desde a independência. Não havia disputa interna para tomada do poder. Não havia grupo forte com ideias novas e diferentes das que professavam os dirigentes paraguaios.

Isso acontecia na Argentina, no Uruguai e no Brasil, não no Paraguai. Daí Carlos Antonio dizer que não temia nada que viesse do exterior. Uma mudança só ocorreria se houvesse internamente um grupo que aceitasse novos princípios políticos e ideias econômicas de fora. Isso não penetrava facilmente no Paraguai.

Mas, mesmo assim, Carlos Antonio Lopez falou que o Paraguai estava preocupado com os problemas perto de casa. Dizia que "de um lado eles tinham os mais incorrigíveis anarquistas e do outro os macacos [os brasileiros] sempre traidores e possuidores de duas caras" [*llenos de doblez*, no original].[6]

O Paraguai se fortalecia para enfrentar os "anarquistas" (nunca diz a palavra portenho ou argentino) que pretendem "absorver e dividir" o Paraguai. Este país temia mais a expansão argentina do que qualquer outra desavença externa. É que o Paraguai pertencera ao vice-reinado do Prata, cuja sede fora Buenos Aires. Quando da independência do país, os portenhos tentaram reaver a antiga província. Houve até luta e os paraguaios se saíram bem nela.

Para não sofrerem mais pressão por esse lado é que Gaspar Rodrigues de Francia, presidente paraguaio no pós-independência, isola seu país por longo tempo. Carlos Antonio temia que os portenhos, com Bartolomé Mitre, depois de bater províncias conservadoras do interior argentino, pudessem tentar outra aventura contra seu país.

O dirigente paraguaio, ainda na descrição de Herrera, ao falar dos "macacos", dizia que "eram os mais tenazes inimigos que tinham seu país, porém também os mais covardes". Disse ainda que o Paraguai não temia uma aliança entre Buenos Aires e o Brasil, pois não seria a primeira vez que os brasileiros "que não se atrevem a vir sós" tinham tido aliança com os anarquistas.[7]

Herrera percebeu que os princípios políticos e os problemas regionais com as duas maiores nações da área eram idênticos para o Paraguai e o Uruguai. Blancos e paraguaios tinham um caminho aberto para entendimento externo.

Carlos Antonio disse a Herrera que Mitre iria ajudar o general Venancio Flores a fazer o que outro general, Cesar Diaz, não tinha conseguido em lutas anteriores contra os blancos. Diaz foi vencido e morto em Quinteros, Uruguai, em 1858. Flores, também do Partido Colorado, queria vingá-lo.

Mitre, no tempo dessa conversa, não era ainda oficialmente presidente da Argentina. Mas era de maneira informal desde sua vitória em Pavón, em 1861, contra as províncias do interior. Ele será eleito e tomará posse como presidente da Argentina em outubro de 1862. O velho Lopez já sabia das ligações dele com os liberais da área, e a visita de Herrera a Assunção em março de 1862 já era pensando no que poderia fazer Mitre para ajudar seu amigo colorado, Flores, a chegar ao poder no Uruguai.

No segundo encontro entre o enviado blanco e Carlos Antonio, em 4 de abril de 1862, Herrera, que já conhecia os princípios políticos do dirigente do Paraguai, alterou o rumo da conversa. Procura mostrar que o porto de Montevidéu seria melhor que o de Buenos Aires para comercializar produtos paraguaios. Dizia ainda que o comércio paraguaio com a província de Mato Grosso, "produtor e consumidor de artigos similares aos que produz e consome o Paraguai", era um erro. E que aquela província se situava a uma distância duas vezes a de Assunção a Montevidéu.[8]

Além dos tratados comerciais, Herrera defendia "estreitar relações políticas com o Paraguai tendo em vista a similitude e identidade da situação referente à política internacional".[9] Ou a situação de ambas as repúblicas em seus relacionamentos com a Argentina e o Brasil. Herrera, terminando sua missão exploratória em Assunção, retorna para seu país.

Bartolomé Mitre

É mais substanciosa a missão do novo enviado uruguaio ao Paraguai, Octavio Lapido, em 1863, quando Juan José de Herrera já era o ministro das Relações Exteriores do Uruguai e Solano Lopez assumira a presidência do Paraguai desde a morte do pai em setembro de 1862. Mitre assumira a presidência da Argentina em outubro do mesmo ano.

Em março de 1863, saindo de Buenos Aires, o colorado Venancio Flores começa a guerra civil no Uruguai. A província brasileira do Rio Grande do Sul é puxada para o turbilhão regional porque os blancos não davam proteção às propriedades dos brasileiros residentes no Uruguai. Os gaúchos tomarão o lado de Flores. Estava formado o quadro político que engolfaria a região numa guerra. O ano era 1863, momento trepidante na história regional.

Um quadro regional que nada tinha a ver com a Inglaterra ou qualquer outra potência de fora. Os problemas na área existiam desde muito tempo. Novos dirigentes na Argentina e no Paraguai e também o levante dos colorados contra os blancos mexem ainda mais com os já inflamados ânimos locais. A guerra começará em novembro de 1864.

A missão de Octavio Lapido ocorria num momento complicado do relacionamento regional. Aquela visita — e seus desdobramentos — é crucial para entender o que ocorria no Prata naquele período. Crucial ainda na busca de informações para saber se houve ou não a presença de uma potência externa açulando quatro países na direção de uma guerra.

O Partido Blanco, sabendo que teria problemas com a ascensão de Bartolomé Mitre ao governo argentino, procurava aliados para algum tipo de embate futuro. Os blancos não estavam em condições de enfrentar uma luta em seu território financiada e armada em outro país. A diplomacia uruguaia, então, vai buscar apoio em um governo que tinha diferenças históricas com a Argentina e o Brasil.

Os blancos irão defender uma união entre o Paraguai, Uruguai e as províncias argentinas de Entre Rios e Corrientes. Uma composição contrária à Argentina portenha, ao Brasil e aos colorados do Uruguai. Um arranjo político, acreditavam, que traria equilíbrio de poder na região.

Juan José de Herrera, em sua missão de 1862, sentira que o ambiente junto ao governo paraguaio era favorável aos anseios blancos. Lá os dirigentes tinham queixas do Império do Brasil e de Buenos Aires. Os blancos, naquele período, não apresentavam ainda motivos relevantes para se preocupar com o Brasil e sim com os unitários portenhos. Porém, Herrera, desde o início, colocou o Brasil e Buenos Aires num mesmo patamar de problemas. Tinha conhecimento histórico da área e sabia dos atritos entre o Brasil e o Paraguai. Os diferentes e antagônicos interesses locais ajudam a formar o quadro de desavenças e acaba jogando a região no turbilhão de uma guerra.

A missão diplomática do Partido Blanco junto àquele governo continuará, portanto, na pessoa do doutor Octavio Lapido. Ele já estivera antes em missão especial no Brasil e pertencia ao grupo radical dos dirigentes blancos. No dia 3 de março de 1863, Octavio Lapido recebia do novo ministro das Relações Exteriores, Juan José de Herrera, suas instruções como representante diplomático do governo uruguaio em Assunção. Herrera divide sua longa e detalhada exposição em duas análises: uma política e outra econômica. Começa pelas considerações políticas. Serão usadas quase as mesmas palavras que foram usadas nos escritos diplomáticos.

Herrera mostra a semelhança do relacionamento do Paraguai e do Uruguai com o Brasil e com Buenos Aires. Entretanto, para ele, o Paraguai tinha conseguido se isolar do perigo representado pela República Argentina e pelo Império do Brasil. Com o Uruguai fora diferente, e tinha custado à autonomia uruguaia muito esforço, ruína e sangue.[10] São apontados os desentendimentos históricos entre aqueles países e, no caso brasileiro, deu-se ênfase às questões de fronteira e navegação. Argumentava que o Paraguai, graças à sua mediterraneidade e a política de isolamento criada por El Supremo [ou Gaspar Rodrigues da Francia] tinha se afastado, em grande parte, dos acontecimentos de caráter demagógico, anárquico e absorvente que agitaram a região do Prata.[11]

Havia, porém, uma nova realidade regional: não era mais possível aquele tipo de isolamento. A história de ambas as repúblicas era quase idêntica em seus contatos com Buenos Aires e Brasil. Continuariam na mesma situação se não fossem incorporadas ao programa de política internacional dos países ameaçados as garantias que a "mais vulgar sagacidade" estava mostrando a eles.[12]

Sendo comuns os perigos, comuns deviam ser os esforços para contorná-los e as Repúblicas do Paraguai e Uruguai eram fracas para atuarem isoladamente e sem acordos. O diplomata blanco procurava mostrar que a única salvação para as duas repúblicas estaria na união de esforços e de interesses em confrontar os apetites de Buenos Aires e do Brasil.

Na verdade, os blancos, em termos militares, não tinham quase nada a oferecer ao Paraguai. Era um partido no poder, com problemas econômicos e desavenças políticas internas, cercado pela hostilidade de Buenos Aires. Daí o magnífico trabalho daquela diplomacia na tentativa de envolvimento de outro país que, para os quadros locais da época, caminhava para ser militarmente forte. Talvez possa ser dito que os blancos poderiam proporcionar a Solano Lopez a oportunidade de ser protagonista nos assuntos do Prata.

Herrera, em suas instruções a Lapido, propunha o estabelecimento de um equilíbrio protetor para toda aquela agitada parte da América do Sul com o argumento de que o "sistema de equilíbrio conserva a paz porque inspira o temor da guerra"[13], e o Paraguai e o Uruguai deviam buscá-lo juntos.

No início seria difícil o estabelecimento de um pacto defensivo e ofensivo completo, mas até que aquilo fosse atingido, que se criasse uma espécie de liga em que se mostraria aos dois indesejáveis vizinhos que os interesses das duas pequenas repúblicas estavam unidos, e que, chegado o momento, elas atuariam juntas.[14]

Em 3 de março de 1863, antes do início da luta civil no Uruguai entre blancos e colorados (Venancio Flores ali desembarcou no dia 19 daquele mês), já se falava em confronto, ligas e união de interesses.

Em sua ação diplomática junto ao governo paraguaio, as sugestões e pedidos dos blancos variarão na proporção do perigo que os ameaçavam. Naquele momento uma simples liga seria suficiente. Quando o perigo crescia o tom diplomático mudava. Herrera, desde o início, chama a atenção de Lapido para "os métodos da diplomacia em uso no Paraguai". Sabia que ali havia maneiras e peculiaridades próprias.

Continua Herrera suas instruções a Lapido. Se o acordo entre os dois países fosse feito, em futuro próximo, devido aos seus problemas, o Brasil e a Argentina passariam a cooperar no funcionamento do equilíbrio regional.[15] Também a união do Uruguai e do Paraguai deveria ser simpática às potências europeias, a paz aumentaria seus lucros e daria saída à sua enorme população.[16]

Além disso, a dificuldade de união interna dos argentinos era um bom argumento para que as potências europeias preferissem investir e negociar mais com o Uruguai e o Paraguai do que com a confusa Argentina.[17]

O problema para uma união mais estreita entre ambas as repúblicas era o fator geográfico. Aquilo poderia ser modificado no momento em que a liga estivesse formada. É que, dizia o sagaz Herrera, na formação dela seriam incluídas algumas províncias argentinas. O poder da liga aumentaria e o problema geográfico desapareceria.[18] O Uruguai e o Paraguai não podiam esperar mais e deviam coordenar suas respectivas políticas internas com as do plano exterior.[19]

Perguntava Herrera: qual deveria ser a atitude de uma e outra república se ocorresse uma invasão ou ataque às suas integridades ou soberanias? O Uruguai respondia que seria "uma ameaça à sua própria [integridade] e às suas próprias prerrogativas soberanas".[20]

Os blancos procuravam instilar receio no provável futuro parceiro. Diziam que o Paraguai talvez estivesse mais exposto que o Uruguai a um ataque contra sua autonomia. Estava se constituindo em um poder não só defensivo como tinha sido até aqueles dias, mas também em um poder ofensivo perante a opinião intranquila dos seus vizinhos e a cuja influência dominadora pretendia escapar.[21]

Herrera expunha ainda a Lapido que, pelo pacto de 1828, a Argentina, o Brasil e a Inglaterra se comprometeram em zelar pela independência do Uruguai e, no caso, seu país estaria mais protegido na área do que o Paraguai.

Além disso, deveria ser de interesse das potências europeias manter a integridade do Uruguai, tendo em vista o grande número de emigrados europeus naquele país. Também a paz uruguaia era importante aos banqueiros da Europa que emprestavam dinheiro ao país. Só com a paz o Uruguai poderia pagá-los.[22]

Precavendo-se quanto a uma negativa, por parte do desconfiado Paraguai, Lapido, no início, devia estabelecer, no mínimo, um acordo de princípios. Feito este, supunha-se

Justo José de Urquiza

que os contratantes usariam de todos os meios para defendê-lo. Aquele acordo, "pedestal para o equilíbrio a fundar", daria ao Paraguai e ao Uruguai uma posição de autoridade para terem peso na balança política do Rio da Prata. Um fato que até aquela data não havia ocorrido, ainda que os acontecimentos regionais lhes trouxessem danos.[23] Apoiava-se na vontade de Solano Lopez de participar e influenciar na balança de poder da área.

Lapido devia convencer os dirigentes paraguaios de que o Uruguai não estava imbuído de espírito guerreiro, desejava a paz. Aquela paz só viria, no entanto, quando seus vizinhos passassem a respeitar a união Paraguai-Uruguai.

Os blancos acreditavam ser aquele o momento ideal para essa união. Diziam que um assassinato na Argentina do caudilho Peñaloza detonaria novas lutas entre os interesses antagônicos lá existentes. Que todos na área deviam ficar precavidos com as prováveis manifestações que ocorressem e que tudo partiria de Buenos Aires, "o foco de conspiração de toda a região".[24]

O ministro uruguaio estava bem informado. O Uruguai, desde as lutas pela independência, participara ou fora forçado a participar nas andanças e flutuações políticas regionais. Os governantes tinham conhecimento da indisposição de algumas províncias argentinas para com Buenos Aires. Uma indisposição e espírito separatista que talvez tenham sido salvos pela própria Guerra do Paraguai ao colocar juntos Mitre e Justo José de Urquiza, chefe político do interior argentino, na luta futura contra Solano Lopez.

Os blancos batiam na tecla do perigo portenho pensando em seu país e procuravam amedrontar o Paraguai quanto às intenções de Buenos Aires. Dizia Herrera, como exemplo, que uma missão peruana que fora a Buenos Aires propor um acordo continental chamara a atenção de Mitre para que respeitasse as demais nacionalidades americanas, e que ele respondera que a política argentina buscava a "reconstrução do seu antigo poder, com a incorporação dos territórios insensatamente separados e formando hoje nacionalidades independentes".[25]

Tendo em vista o perigo portenho e a situação histórica da área, os blancos levantaram as seguintes hipóteses:

1. Entre Rios, ligada a Corrientes, separar-se da República Argentina e juntas tomarem posição de independência, situação idêntica a de Buenos Aires antes da sua recente incorporação à Confederação.
2. Entre Rios, ligada a Corrientes, formasse uma nação independente.
3. Entre Rios e Corrientes se ligassem ao Paraguai para formarem uma só nação.
4. Entre Rios, ligada a Corrientes, juntar-se ao Estado Oriental do Uruguai para formar uma só nação.
5. Entre Rios, ligada a Corrientes, mais o Estado Oriental e o Paraguai, formando uma nação conjunta.[26]

Frente à história regional do momento, as hipóteses levantadas não eram absurdas. Os blancos entendiam que aquelas alternativas não podiam ser descartadas e todas deviam ser analisadas junto ao governo guarani.[27] As amplas avaliações políticas dos blancos para a área, na defesa dos seus interesses, ilustram parte dos problemas políticos regionais.

O momento de exploração junto aos paraguaios já fora feito por Herrera um ano antes. Agora Lapido devia trabalhar de forma pragmática para concluir arranjos concretos com os paraguaios. Sentindo a crescente ameaça por parte de Mitre, os blancos, por intermédio de Herrera, naquele momento o coordenador e formulador da política exterior do seu país, queriam ser respeitados através de uma aliança com um país militarmente mais forte. Queriam, quando chegasse o momento do imaginado confronto, estarem em condições de conversar com Buenos Aires numa posição diferente de outros tempos, e para isso, necessitavam do aval do Paraguai.

Desde os acontecimentos de Quinteros, os blancos sabiam que seria difícil um acordo com o Partido Colorado, onde estavam seus adversários políticos. O general César Diaz revoltara-se contra o governo blanco de Gabriel Pereira. Foi derrotado e morto. Por isso Venancio Flores fez novo levante para, entre outros motivos, vingar o que houve no Uruguai.

Os blancos acreditavam que para conter os colorados era necessário neutralizar o Partido Unitário argentino, ora no poder, com a proposta da liga defensiva entre os interesses convergentes deles e dos paraguaios. Se ocorresse, Buenos Aires ficaria isolada e, àquela altura, sem nenhum parceiro externo, nem mesmo o Brasil. Isolada Buenos Aires, estaria eliminado o "foco de anarquismo", ou, em outras palavras, o foco exportador de ideias políticas contrárias às dominantes em Montevidéu, Assunção e algumas províncias argentinas.

As relações econômicas entre o Paraguai e o Uruguai não eram boas e deveriam ser modificadas, continuava Herrera a instruir Lapido. Devia ser mostrada a importância do porto de Montevidéu e ser feita uma proposta de relação comercial direta de ambos os países sem passar pelo porto de Buenos Aires. Uma forma de enfraquecer economicamente o adversário político.

O perigo para o comércio entre os dois países era a fortificação, por parte da Argentina, da estratégica ilha de Martin Garcia. Ela, por força de tratados anteriores, devia ser neutra (e não armada) em benefício de todos os países ribeirinhos. O Paraguai e o Uruguai deveriam cooperar para remover aquele tipo de ameaça à livre navegação do rio da Prata e, por um ato de força conjunta, garantiriam sua neutralidade.

Antes do desembarque de Flores no Uruguai, o governo blanco já iniciava uma conversação sobre guerra. Os blancos trabalhavam, no caso, para um enfrentamento com a Argentina ou, como acreditavam, uma parte dela. Ao proporem a tomada da ilha de Martin Garcia para "favorecer o comércio local", os blancos atiçavam mais lenha na fogueira regional na busca de uma desesperada e urgente aliança.[28]

No dia 9 de julho de 1863, depois de seguidas mudanças de datas da viagem, Lapido escrevia pela primeira vez a seu governo desde Assunção. Em sua mensagem, após entrevistar-se com Solano Lopez (novo presidente paraguaio após a morte do pai) e o ministro do Exterior José Berges, ele estava otimista quanto a uma união futura entre os dois países. Nas

Francisco Solano Lopez

palavras dos dirigentes paraguaios os perigos de ambas as repúblicas eram idênticos e comuns.

Solano Lopez, depois de palavras de boas-vindas, manifestou receio sobre a proposta argentina de reconstrução do vice-reinado.[29] Parece que estavam funcionando os venenos lançados anteriormente por Herrera. O irmão de Solano Lopez, Venancio, ministro da Guerra, acusou a política do governo argentino de desleal e declarou que "mais dias menos dias haveriam de ter que recorrer às armas".[30]

Os fatos sugerem que o Paraguai se preparava para um confronto com a Argentina e não com o Brasil. Mais tarde, a presença do Brasil no Uruguai em defesa dos interesses do sul do país foi a melhor coisa que poderia ter acontecido ao governo Mitre. Desviará a atenção de Solano Lopez para o lado do Brasil e verá ainda seu amigo colorado, Venancio Flores, no poder através de uma ação direta do governo brasileiro.

A missão Lapido ao Paraguai, no início, não possuía a dramaticidade que veio a ter após a chegada da força militar de Flores ao Uruguai. Quando isso ocorreu, em março de 1863, os blancos deixaram de lado outros assuntos para propor diretamente um tratado que garantisse a independência e a integridade territorial de ambos os contratantes. Comprometiam defendê-lo na busca de equilíbrio, segurança e paz para aquela região.[31] O tratado comercial, que devia ser o aparador das dúvidas e antecessor do tratado político-militar, irá, após os novos acontecimentos, passar para segundo plano por parte daquela diplomacia.

Os blancos diziam que a Argentina, "arrastada pela escola política hoje dominante em seu seio", acreditava ter chegado o momento para concretizar seus planos, e que o Uruguai seria a primeira presa em que seu vizinho pensava saciar sua ambição.[32] Estavam falando da invasão florista no Uruguai, possivelmente ajudada pelos portenhos e que iria engolfar o Estado Oriental na guerra civil.

Antes, Lapido havia sido instruído para estabelecer um acordo de princípios. Agora era proposto um arranjo mais direto, uma negociação quanto aos meios a serem empregados, "sem perda de tempo", na garantia da ameaçada independência uruguaia. E, de acordo com a maquinação daquela diplomacia, ameaçada estava também a independência do Paraguai.[33] A cada passo das instruções diplomáticas percebe-se a ação dos blancos em torno de Solano Lopez.

Juan José de Herrera, o provável idealizador da política exterior do seu país naquele trepidante momento, pelo que se depreende dos seus escritos, entendeu que o caminho para ganhar o Paraguai para a sua causa seria dar relevo ao desejo de Solano Lopez em ser protagonista nos assuntos platinos. Os blancos, àquela altura, não podiam oferecer, em termos militares, quase nada ao Paraguai.

Para conseguir apoio contra intenções de terceiros, decidiram dar força às pretensões de Solano Lopez na área que,

> sem dúvida, estava destinado, para glória sua, fazer que a República do Paraguai ocupe nestas regiões o lugar que lhe corresponde por seu direito, sua força e pela ilustração de sua política previdente e tem já, sem maior demora, um importantíssimo papel a assumir no Rio da Prata.[34]

O Paraguai seria então invulnerável contra as intrigas e o espírito demagógico em existência no Rio da Prata. No momento em que os assuntos dramatizavam para os blancos, o certo seria o "emprego de meios práticos de força contra as pretensões de Buenos Aires".[35] Um chamamento à guerra que Solano Lopez, no início, recusou assumir.

Era tamanho o desespero blanco que Lapido recebeu um rascunho de tratado para ser apresentado ao Paraguai. O proposto pacto beneficiaria mais os interesses blancos. Por exemplo, o caso de ataque a um país, como a ação de Flores, deveria ser rebatido com ação semelhante pelos contratantes. Eles acreditavam que Buenos Aires estava por trás da tentativa de apeá-los do poder, já que se aliara ao chefe colorado para mudar a forma de governo uruguaio e "estorvava, pela intromissão armada, o exercício da autoridade constitucional da nação".[36]

Prevendo uma recusa de Lopez à sua proposta, o governo blanco instruía Lapido para incitar o Paraguai a ocupar, de imediato, a ilha de Martin Garcia. Se a Argentina a fortificasse, estaria indo contra acordos internacionais de neutralidade e punha "em perigo os direitos do Paraguai à livre navegação dos rios".[37]

Na tentativa de influenciar e convencer o Paraguai a uma empreitada contra a Argentina, os blancos sabiam que o passo inicial teria que ser a ocupação daquela ilha. Quem a dominasse, dominaria as ações navais e militares na área do Prata.

Os blancos não estavam tão preocupados pelo direito do Paraguai à navegação. Temiam que, a partir de Martin Garcia, os portenhos ajudassem a Venâncio Flores. Portanto, pela premência dos acontecimentos, deixava-se de lado o trabalho diplomático vagaroso em torno dos paraguaios e propunha-se uma aliança que, na verdade, beneficiaria mais o ameaçado governo blanco.

O governo uruguaio convidava o do Paraguai a cooperar na busca de seus interesses e não permitir a Buenos Aires o domínio absoluto do Rio da Prata. Propôs ação militar concreta, com a ocupação por forças navais e terrestres, paraguaias e orientais, da ilha e água de Martin Garcia, assim como o domínio da esquadra argentina para assegurar a possessão dos rios.[38] Isso queria dizer guerra aberta contra Mitre, seu governo e suas ideias.

Os blancos, ao proporem um passo daquele tamanho, acreditavam nos frutos da sua diplomacia junto às províncias argentinas de Entre Rios e Corrientes. Uma ação que incentivava ainda mais o Paraguai contra Buenos Aires. Influenciado ou não pela cantilena uruguaia, Solano Lopez acreditava, mostram suas ações posteriores, que no caso de um confronto com o governo Mitre, ele teria o apoio daquelas províncias.

Carta de Rufino de Elizalde a Sarmiento confirma isso:

> um novo acordo com o general Urquiza diminuiu o perigo de um levante no interior. Na verdade, os paraguaios invadiram acreditando que Corrientes se pronunciaria, que se pronunciaria Entre Rios, bem como outras províncias e a República Oriental.[39]

Herrera também escreveu para Lapido em 3 de agosto de 1864 que

> Entre Rios e Corrientes, já em contato com o estado Oriental, se pronunciarão em favor de uma liga defensiva e ofensiva, pondo em ação seus meios que já se preparam com o devido sigilo para tal eventualidade.

Propuseram ainda os blancos que o Paraguai enviasse sua esquadra e mais 500 homens que, combinados com o mesmo número de uruguaios, tomariam de surpresa o pesadelo blanco: a ilha de Martin Garcia. Aquela operação deveria "ter lugar dentro do mais breve tempo possível". Destruído, no entender dos blancos, "o governo anárquico e demagógico" de Buenos Aires, os vencedores estariam em condições de ditarem a pacificação definitiva da região.[40]

Os blancos usavam todas as técnicas para seduzir o Paraguai, do elogio ao amedrontamento, das palavras macias às dramáticas, como estas:

> se deixa só a República [do Uruguai], só ela irá à luta, mas não se permitirá nenhuma recriminação no dia em que vencida, se podem vencê-la, chegue a hora para aqueles povos que estão fatalmente condenados a igual destino se não despertarem a tempo da letargia mortal.[41]

Em busca de sobrevivência política, os blancos davam aula de História Regional, cutucavam o orgulho de Lopez, agrediam as intenções argentinas e brasileiras, procuravam amedrontar o Paraguai com as intenções expansionistas dos seus vizinhos, prometiam sublevação e ajuda de algumas províncias argentinas. Teciam uma teia em torno de Solano Lopez que daria resultados não com a Argentina, mas contra o Brasil, no momento em que nada mais podia salvar aquele governo.

O trabalho diplomático dos blancos junto a Solano Lopez foi um dos fatores que o empurraram para uma guerra na área. Aliás, aquela guerra pode ser vista como mais um episódio nas lutas do Prata. Um conflito que parecia fadado a acontecer. Um confronto marcado.

Os blancos tinham na desconfiança paraguaia um obstáculo. Uma desconfiança que talvez tenha raízes lá atrás, desde as missões jesuíticas, passando pelo governo de Gaspar Rodriguez de Francia e também por fatos regionais posteriores. Quando, por exemplo, Lapido propôs um pacto entre os dois países, José Berges lhe respondeu que o seu governo não podia dar uma resposta concreta até sentir qual a atitude do governo argentino quanto ao caso Salto (e também ficar sabendo qual tinha sido a atitude dos blancos).

Esse entrevero entre blancos e Buenos Aires foi quando, no início de junho de 1863, as autoridades uruguaias apreenderam no porto de Fray

Bentes o paquete argentino Salto carregado de armas. O capitão do barco apreendido disse que o carregamento pertencia ao governo argentino. Em 8 de junho, Rufino de Elizalde, ministro das Relações Exteriores na presidência de Mitre, atacou duramente o governo blanco e exigiu reparação à honra nacional. Não obtendo resposta satisfatória, a Argentina apreendeu, em águas uruguaias, o vapor de guerra Oriental, General Artigas, em 22 de junho. O Uruguai respondeu com o rompimento de relações diplomáticas. A Argentina, através de uma nota de Elizalde ao membro do governo uruguaio, Andrés Lamas, de 22 de junho de 1863, ameaçou ir à guerra se não fossem reparados os danos à honra do país. Tudo finalizou em 29 de junho, quando Lamas e Elizalde assinaram um protocolo de paz, depois de satisfeitas certas exigências por parte do Uruguai, em que se dava por encerrado o assunto.[42]

O que fazia um barco argentino cheio de armas em porto uruguaio? Não se pode esquecer que Venancio Flores, partindo do território argentino, já estava em luta contra os blancos no interior do Uruguai. O governo uruguaio acreditava que aquelas armas seriam para municiar Flores. O governo Mitre negaria. É estranho um carregamento de armas pertencente ao governo argentino ir a um porto uruguaio. O melhor porto da região era o de Buenos Aires e os carregamentos do governo partiam dali. O navio carregado de armas estava num porto do adversário político dos governantes argentinos. O clima político na área era complicado.

Voltando à conversa de Berges com Lapido. Ele dizia ao enviado uruguaio que o Paraguai, naquele momento, estava impossibilitado de exigir respostas do governo Mitre por suas supostas ações contra o Uruguai. É que aquele governo, em correspondência oficial, sem que lhes fosse formalmente pedido, afirmava ao governo guarani "completa neutralidade" nos assuntos uruguaios.[43]

Não era possível, portanto, o Paraguai exigir satisfações por um assunto já antecipadamente respondido. Outro motivo levantado por Berges, talvez para protelar a assinatura de um tratado, era a próxima eleição presidencial e legislativa no Uruguai. Era a desconfiança em dar um passo maior de aproximação com o Uruguai e lá na frente sofrer algum tipo de decepção.

Por que a desconfiança paraguaia no caso "Salto-General Artigas"? O Uruguai estava em atrito com o governo argentino e para tanto solicitava a ajuda do Paraguai e, ao mesmo tempo, estava negociando aquele incidente com a Argentina. Um tipo de movimentação diplomática que parece que não estava na cartilha paraguaia da época.

A desconfiança paraguaia vai, aos poucos, sendo mostrada nos despachos de Lapido. Lopez fez-lhe perguntas embaraçosas sobre a missão uruguaia (e seus resultados) junto a Justo José de Urquiza na Argentina. Também queria saber sobre uma conversa de acordo entre Mitre e o Brasil para colocar o pacifista Andrés Lamas na presidência do Uruguai.[44]

Em carta ao agente comercial paraguaio em Buenos Aires, Felix de Egusquiza, de 21 de novembro de 1863, Berges reclamava da dupla diplomacia dos blancos: uma de guerra, no Paraguai, e outra de paz, em Buenos Aires, e se mostrava temeroso com o procedimento uruguaio. Dizia que "quando um governo tem uma atitude tão tímida e vacilante é perigoso tratar com ele".[45]

O mesmo Berges escrevera a Egusquiza, em 6 de agosto de 1863, após o início dos trabalhos de Lapido em Assunção e do desembarque de Flores no Uruguai, indagando-lhe se o governo uruguaio tinha algum agente no Brasil para negociar um tratado defensivo e ofensivo entre o Império e o Estado Oriental. Perguntava também se o mesmo governo tinha algum agente privado junto ao General Urquiza para conseguir um pronunciamento das 13 províncias e para separar Buenos Aires da República Argentina.[46]

Os dirigentes paraguaios não eram de acreditar em todas as informações que lhes davam os uruguaios. Checavam algumas. Aquele governo considerava estranhas as diferentes missões uruguaias espalhadas pela região. Os blancos, com a nova política internacional do presidente Bernardo Berro, possuíam representações no Rio de Janeiro, Buenos Aires, junto a Urquiza e no Paraguai.

Aqueles arranjos diplomáticos confundiam o Paraguai, daí o receio. Um receio que funcionará até certo ponto. A insistência dos blancos quebrará a resistência de Solano Lopez. Jogará Lopez contra a Argentina em favor dos seus objetivos no incidente das notas diplomáticas uruguaias enviadas pelo governo paraguaio ao argentino, como se verá à frente.

Outra carta de Berges, desta vez ao agente paraguaio em Montevidéu, Juan José Brizuela, de 21 de abril de 1864, alertava-o sobre os uruguaios após o incidente com um vapor, o Paraguari. Dizia: "fique você avisado que a boa vontade que tem por nós os orientais é a mesma dos portenhos e por isso precisamos precaver-nos tanto com um como com o outro".[47]

Mais desconfiança. O Uruguai insistira com o Paraguai para tomar a ilha de Martin Garcia, e Berges, em carta a Brizuela de 6 de setembro de 1863, comentava que

> antes de dar este passo estavam ambos os governos [argentino e uruguaio] em boas relações, mas já se pedia e insistia que o Paraguai fosse à luta em favor do Estado Oriental. Não sei como pensaram em arrastar-nos a esta quixotada política.[48]

O desejo uruguaio de aliança com o Paraguai sempre existiu, mas variava na proporção direta do perigo sentido pelo Uruguai. No momento em que a pressão era maior, mais dramático eram os pedidos diplomáticos uruguaios. Quando a pressão afrouxava, afrouxavam também os apelos a Solano Lopez. O tom passa a ser realmente alarmado após a invasão de Venancio Flores e o incidente com o vapor Salto.

Vejam algumas dramáticas colocações de Juan Herrera em carta a Lapido, de 17 de agosto de 1863:

> [...] o Paraguai está ou não interessado em que o governo argentino não desenvolva planos de usurpação?

Ou esta, no velho estilo do cerco blanco,

> quer o Paraguai, interessado maior, guardar silêncio, manter inativa sua diplomacia e seu poder, não assumindo agora a posição com que pode e deve pesar nos destinos desta parte do continente sul-americano?

Ou

> não enviará sequer um representante seu que faça ouvir sua voz para dizer ao governo argentino [...] que sua política internacional inspira justificados receios e que o Paraguai não permitirá que se leve a cabo projetos de anexação ou subjugação?

E ainda:

> não mandará sua esquadra às águas do Prata para que sua palavra de primeiro interessado seja atendida como deve sê-la? [E arrematava]: Se esse governo, em sua genial desconfiança, requer garantias internacionais para comprometer-se, peça que lhes indique e elas serão produzidas.[49]

Esta carta parece que foi o empurrão que faltava. Lapido informou Montevidéu, em 27 de agosto de 1863, que na entrevista que tivera com Solano Lopez este se mostrara afável e insistia que o Uruguai devia apresentar um veemente protesto à Argentina como incentivadora da guerra civil no país. Disse ainda que Lopez agia com calculada cautela como se estivesse tomando importante decisão.[50] E estava mesmo.

Em 6 de setembro de 1863 Lapido escreveu uma nota e enviou seu secretário particular, Frederico Brito del Pina, para Montevidéu. Berges havia lhe dito que seu governo iria queixar-se das atitudes de Buenos Aires para com o governo uruguaio, mas enviaria, em anexo, todas as queixas feitas pelo governo blanco contra Mitre e sua política. Se enviasse, aumentaria a fogueira política da região.

Já havia problemas e confrontos em andamento e mostrar em Assunção os venenos diplomáticos dos blancos contra o governo Mitre seria acender a mecha que faltava para aumentar a confusão regional. Esse é um fato crucial na história daquele momento. Ao praticar aquele ato parece que os paraguaios queriam provocar caos (ou até mesmo uma guerra) na área. O trabalho diplomático uruguaio em Assunção rendera resultados perigosos.

Por que Solano Lopez enviou a Bartalomé Mitre as mensagens confidenciais do governo blanco, num procedimento contrário às normas diplomáticas? Solano Lopez não era um despreparado em relações exteriores. Viajara pela região, ficara quase dois anos na Europa em missão especial, possuindo ainda um serviço de informação em Montevidéu e Buenos Aires que o mantinha atualizado sobre o quadro do Prata. Como se explica então a estranha atitude em anexar as notas confidenciais uruguaias ao governo Mitre?[51]

O fato ajudou a agitar a já agitada situação regional. Solano Lopez não publicou, como era praxe, os discursos trocados entre ele e Lapido quando este apresentou suas credenciais. Diz Lapido que Lopez queria, àquela altura, manter completa discrição e "não chamar a atenção dos vizinhos".[52] Em outra ocasião Solano Lopez desaconselhou uma viagem de Lapido argumentando que aquilo "ia chamar muito a atenção".[53] Os contatos entre os dois interesses eram mantidos em segredo e discrição. De um momento para outro, sem motivo aparente, o governo paraguaio entregou a Mitre todo o trabalho diplomático dos blancos, supostamente sigiloso, desde 1862.

Mitre sempre afirmou sua neutralidade nos assuntos uruguaios. Podia até não ser verdade, mas ele não podia se colocar como mentor de sedição regional se tinha problemas graves a resolver em seu próprio quintal. Necessitava da paz para conseguir a integração do seu país, unir Buenos Aires e as províncias do interior. Estava em contato constante com Urquiza na busca da amizade deste, e em benefício de sua política de integração. Tendo Mitre, de certa feita, até "oferecido para cooperar em sua reeleição para Governador [de Entre Rios]".[54]

Também a correspondência entre Mitre e Lopez mostra que ele queria, pelo menos aparentemente, a amizade do Paraguai em busca da paz interna. Mitre precisava da paz regional para sua própria sobrevivência política. Na busca desse objetivo era importante que o Uruguai vivesse também em paz. Confusão ali provocava desconforto em toda área.

É verdade que o governo blanco lhe era hostil. Para poder desenvolver seu projeto de integração seria útil que tivesse um governo menos inamistoso em Montevidéu. Não importava que fosse, como quis Rufino de Elizalde, Edward Thornton e José Antonio Saraiva em 1864, um governo de coalizão de blancos e colorados.

Diante da divisão do país, o governo Mitre não podia se mostrar como fomentador de uma guerra externa que viesse a provocar mais acrimônia interna e desestabilizar seu governo, dando chance a um novo levante de Urquiza ou de outro chefe interiorano. Até poderia dar suporte a Flores, mas de uma maneira discreta e dissimulada. Nunca se arvorando como mentor de suas ações ou mostrando às claras essa ajuda ao dirigente colorado.

Pensando em sobreviver politicamente, Mitre precisava de pouco sacolejo no plano externo. Se isso ocorresse, se a região encontrasse um caminho para a paz, dando chance a Mitre de fazer a união argentina, o Paraguai não participaria, mais uma vez, da decisão final. Não teria sido protagonista na solução de impasses na região. Mesmo forte militarmente, Solano Lopez continuaria a ser uma voz pouco ouvida nos acontecimentos do Prata.

Continua-se na hipótese de que o governo paraguaio, ao enviar as notas diplomáticas dos blancos a Mitre, queria manter a região em ebulição política. No Uruguai, internamente, a situação mostrava-se indefinida e sem vencedor. Era difícil, mas quem sabe, através de ação conjunta de outros países, os blancos e os colorados poderiam até chegar a acordo e findar a guerra civil? Se isso ocorresse, como escreveu Berges a Felix de Egusquiza, o que aconteceria com o Paraguai?

Berges dizia que não poderia esperar muito tempo por uma resposta uruguaia sobre as notas a serem enviadas à Argentina, pois "os acontecimentos podem precipitar-se no Rio da Prata".[55] Ele não estava referindo-se à precipitação de uma guerra, mas da paz.

Estava com receio de uma ação geral de paz na região. Dizia:

> se o General Flores leva um revés, se movem os agentes estrangeiros em uma e outra cidade das margens do Prata na proteção daquele governo, se Entre Rios se pronuncia contra o governo argentino, sem deixarem sentir a voz e a cooperação do Paraguai, não faremos boa figura no mundo.[56]

Solano Lopez decidira ter sua voz ouvida nos acontecimentos da área. Não queria que seu país, como tinha sido até aquele momento, fosse um protagonista de segunda categoria nos assuntos da região. O Paraguai enviará as notas ao governo argentino, provocando confusão, mal-entendido e caos na área.

Andrés Lamas disse que

> as dificuldades entre os dois governos do Rio da Prata [argentino e uruguaio] foi acentuada e exacerbada pela incompreensível indiscrição com que o governo do Paraguai comunicava oficialmente ao argentino várias notas do governo oriental que aquele considerava ofensivas à sua honra.[57]

Quem sabe, se pode arguir que Solano Lopez enviou as notas para impedir qualquer arranjo de paz pretendido para a área sem a sua participação? Na confusão geral do Prata, o Paraguai se encontrava em situação até confortável. Não tinha, como a Argentina e o Uruguai, problema político interno e possuía uma força militar considerável para a época, com possibilidade, como veio a ocorrer, de aumentá-la.

Algumas manifestações de dirigentes paraguaios mostram que, se a paz viesse, a voz de Solano Lopez não seria ouvida nos assuntos regionais. Ele gostaria de ser um personagem atuante na política da região. Ser ouvido ou mediar assuntos grandes e de repercussão talvez fosse até mais importante que uma guerra.

Uma carta de Venancio Lopez, irmão de Solano Lopez e ministro da Guerra e Marinha do Paraguai, de 5 de junho de 1863, a Felix de Egusquiza, dizia que

> o governo da República teve um convite reservado do General Mitre para mediar a revolução do General Flores. O governo não aceitou porque não crê necessário e estaria exposto a uma negativa do governo Oriental e, também, porque se faria honra a Flores com esta mediação, reconhecendo a ele o direito em sua luta, a qual não tem caráter político, mas sim uma revolução maluca de um chefe revoltoso. Esta revolta não pode ser comparada com a revolta e luta entre Buenos Aires e o governo da Confederação [alusão à intermediação de Solano Lopez em 1859] e não se pode dar igual importância a Flores.[58]

A carta sugere que Solano Lopez queria participar de eventos maiores na área. A revolta de Flores, àquela altura, era um movimento ainda pequeno. Não tinha a dimensão de um assunto que envolvesse a Argentina e o Uruguai ou o Brasil e o Uruguai. O Paraguai sentia-se historicamente desprestigiado na região, um participante de segunda ordem. O governo Solano Lopez se fortalecia militarmente e queria mudar a imagem do seu país na área do Prata. Aspirava ser ouvido e respeitado nas decisões de política externa regional. O Paraguai desejava um lugar de destaque entre os países sul-americanos.

O secretário da representação diplomática dos blancos em Assunção, Frederico Brito del Pina, quando em substituição de Lapido, também sugere que o Paraguai desejava participar de algo maior na região e uma guerra não podia ser descartada. Ele escreveu a Herrera, em 5 de dezembro de 1863, no momento em que o governo paraguaio falava em paz, que "é muito natural que falem assim por mais que sintam e desejem o contrário".[59]

Havia, como já dito, uma vontade dos dirigentes do país em ser partícipe nas discussões regionais. E as disputas podiam, em certas situações, até se esfumar sem que o governo paraguaio se envolvesse, como ocorrera com Carlos Antonio Lopez ao não se juntar contra o presidente argentino Juan Manuel de Rosas, em 1851-52.

Se aceito esse ponto de vista, talvez possa ser arguido que Solano Lopez quisesse atiçar ainda mais a confusa situação regional. Ele, com o envio das notas uruguaias, agitará os já excitados ânimos da região. Seu governo passará a ser incensado por alguns e odiado por outros.

Caminha-se agora em outra direção. Será que os blancos queriam aumentar a confusão na área ou até mesmo provocar uma guerra? Será que eles usaram os paraguaios na busca de seus objetivos até mesmo guerreiros?

Em um minucioso relatório feito a Vasquez Sagastume, representante uruguaio em Assunção em substituição a Lapido, datado de 30 de agosto de 1864, José Berges, ministro das Relações Exteriores do Paraguai, entre outras enormes considerações sobre as relações entre os dois governos, relata o problema do envio das notas ao governo argentino em 6 de setembro de 1863.

Escreve Berges que perguntou a Lapido quais os meios que ele considerava suficientes para se fazer o protesto junto ao governo argentino. Lapido respondeu-lhe que o certo seria uma nota pedindo explicações, ou uma de protesto ao governo daquele país sobre sua política de proteção a Flores em armas contra o governo constitucional em Montevidéu.

A situação se complica no Estado Oriental e Lapido, em 2 de setembro, envia outra nota ao ministro paraguaio, com cópias anexas das que o governo blanco havia enviado aos representantes do corpo diplomático residente em Montevidéu, e outra em separado ao ministro brasileiro, em que descrevia todos os antecedentes, tendências e circunstâncias sobre a invasão de Flores a partir do território argentino. Pedindo, ao fim, por escrito, a cooperação do Paraguai para conter ações da política argentina que dava proteção a Venancio Flores.[60]

Lapido falou a Berges da inconveniência da inclusão das cópias dos documentos diplomáticos do governo uruguaio. Foi-lhe dito que era impossível atender ao seu pedido. Lapido, disse Berges, "limitou-se a solicitar a mudança de algumas palavras da redação a que o abaixo-assinado atendeu com gosto".[61] O Paraguai, que vinha protelando comprometer-se publicamente com os blancos, resolveu satisfazer os desejos dos seus amigos orientais (e o seu próprio) com o envio das notas.

Depois que teve conhecimento da documentação que seria enviada ao governo argentino, Lapido disse que iria a Montevidéu. No mesmo dia pediu seu passaporte, fez uma visita de despedida ao presidente, comprou passagem e preparou-se para ir à capital uruguaia. No outro dia, 6 de setembro, às 10 horas da manhã, Lapido solicitou que as notas não fossem mandadas até que ele consultasse seu governo e resolveu não viajar a Montevidéu. Enviou, em seu lugar, seu secretário Brito del Pina.[62]

Berges dizia a Sagastume:

> que não era possível averiguar que motivos aconselharam o Dr. Lapido a tomar tão estranha e inesperada resolução de esconder um ato do seu governo dirigido em forma circular aos agentes estrangeiros residentes em Montevidéu e ao governo do Brasil separadamente, ato usual em casos semelhantes e cujos documentos foram dirigidos a este Ministério sem reserva ou restrição alguma como motivo da cooperação que ele solicitava.[63]

O envio das notas uruguaias ao governo argentino não era, como dizia Berges, um procedimento normal na diplomacia entre países. Ele talvez usasse este argumento para justificar sua decisão de enviá-las. Um ato que, sem dúvida, botaria fogo no já aquecido ambiente político regional.

Quem sabe o pedido de Lapido para que as notas não fossem enviadas possa ser olhado por outro ângulo: os paraguaios estavam desconfiados de que havia conversações entre os blancos e o governo Mitre. Se o governo blanco estivesse negociando com os argentinos, não seria prudente mostrar a eles as duras acusações da diplomacia uruguaia em Assunção. Houve, mais tarde, um entendimento mínimo entre os dois países. Em 20 de outubro de 1863 Andrés Lamas assinou com Rufino de Elizalde, ministro das Relações Exteriores da Argentina, um protocolo de paz que foi comunicado ao Paraguai em 12 de novembro de 1863.

Havia duas correntes políticas em disputa entre os blancos. Uma mais para a paz, cujo principal nome era Andrés Lamas, e outra mais para o confronto, com Antonio de las Carreras à frente. A tentativa de Lamas em Buenos Aires podia desembocar num entendimento entre blancos e colorados. Se ocorresse, o trabalho diplomático em Assunção estaria morto.

Os mais radicais não queriam, porém, voltar aos tempos de antes. Queriam uma ligação maior com outros interesses regionais para confrontar Buenos Aires e o Brasil. Mais tarde, ao concordar com o envio das notas, esse grupo furaria espetacularmente a ação de Lamas junto ao governo Mitre. Já dava para ouvir os tambores de guerra.

Os blancos, àquela altura, não tinham nenhuma conversação com o colorado Venancio Flores e estavam mesmo com receio do recrudescer da guerra civil. O envio das notas os ajudaria na incômoda situação militar e política interna, ao mostrar para a região que havia outro país interessado em mantê-los no poder. Se o Paraguai enviasse as notas e o pedido de explicações ao governo argentino, o ambiente local ia pegar fogo – como pegou. Lapido sabia disso e possivelmente era o que desejava.

No mesmo dia 6 de setembro, através do secretário da legação, Brito del Pina, Lapido enviou a Herrera uma carta nos seguintes termos: "Não tenho tempo de escrever. Brito lhe explicará tudo. Leia estas notas[64] e diga-me se podia esperar nada mais esplêndido. Você não pode imaginar o quanto sofri e desesperei ontem e hoje."[65]

Esplêndido, em espanhol ou português, tem o significado de algo bom e positivo. Positivo para os interesses do grupo radical de Montevidéu. Mais tambores de guerra.

O Uruguai queria uma ação mais dura contra o governo argentino. Uma ação que, diante da conflagrada situação regional, poderia significar guerra. O Paraguai era o instrumento blanco para isso e, ao mesmo tempo, dava os meios para que os dirigentes paraguaios continuassem a ferver a política regional. Os dois lados não se importavam em aumentar a temperatura política no Prata, mas procuraram esconder isso um do outro.

A solicitação de explicação a Mitre jogava os paraguaios nos braços dos blancos e podia ajudá-los em duas vertentes. Primeiro, poderia diminuir ou neutralizar a ajuda portenha a Flores (sempre negada) que, sem recursos, se enfraqueceria. Segundo, a ação paraguaia poderia isolar os portenhos na região. Em tese, Mitre teria contra si as duas repúblicas e, como era crença, mais algumas províncias do interior argentino. O envio das notas encaixava nos objetivos políticos dos blancos.

Em 22 de setembro de 1863, os blancos, através de Herrera, respondiam a Lapido sem nenhum alarme, como se estivessem aguardando aquilo desde algum tempo, dizendo que o governo paraguaio podia enviar o que quisesse, mas que enviasse simultaneamente a sua esquadra para tomar Martin Garcia. Ato que defenderia o Uruguai e o Paraná (província argentina de Entre Rios e Corrientes) contra agressões que Buenos Aires poderia tentar com seus meios marítimos.[66]

Os blancos enfrentavam uma guerra civil interna, "guerra provocada, acesa e auxiliada desde Buenos Aires", como diziam. Tinham se submetido às exigências no caso Salto e não estavam em condições de enfrentar uma aberta hostilidade com seu vizinho mais poderoso. Assim, para Herrera, se Solano Lopez quisesse provocar a Argentina com o envio das notas que o fizesse, dando paralelamente um passo militar. O que queria dizer guerra. Buenos Aires não iria permitir uma atitude militar daquelas sem reagir.

Segundo Herrera, o pedido de explicações por parte do Paraguai sem o emprego simultâneo de meios práticos expunha ambos os países a um malogro. Os blancos propunham que toda iniciativa tinha que ser tomada pelo mais forte do grupo e não pelo Uruguai e Entre Rios.[67] O cerco blanco sobre Buenos Aires e Solano Lopez continuava.

O momento para uma ação militar, na interpretação dos blancos, não podia ser mais propício. Três motivos imperavam:

1. morrera o principal caudilho que dava suporte a Buenos Aires;
2. a derrota que Flores estava sofrendo naquele momento;
3. a antipatia do governo Mitre perante o corpo diplomático, principalmente ante o Brasil.[68]

Não se podia, portanto, perder tempo ou, como dizia o despacho blanco, "desde que o governo Paraguai não crê chegado o momento oportuno, como acredita o governo oriental, para justificar a contenda armada".[69]

Propunham uma guerra. Não ocorrerá naquele momento, mas a reclamação paraguaia com as notas uruguaias anexas deveria ter, na interpretação daquela diplomacia, um resultado positivo junto a Buenos Aires. O governo argentino, a partir dali, sabia que Solano Lopez estava com os blancos e poderia diminuir, por receio, sua pressão sobre o vizinho do outro lado do Prata. Nada disso ocorreu.

A ajuda escondida a Flores não parava e Mitre, em forma oficial, continuava negando-a. Não deixava também de queixar-se junto ao corpo diplomático em Buenos Aires da estranha atitude do governo blanco para com o seu. No Uruguai, Flores continuava a agitar o interior do país sem que os blancos pudessem contê-lo.

Quem sabe seja interessante pinçar das correspondências diplomáticas dos uruguaios em Assunção alguns trechos que mostram um trabalho dirigido no envolvimento do Paraguai aos interesses dos blancos.

Vasquez Sagastume, outro representante uruguaio em Assunção, escreveu em 21 de maio de 1864: "...eu aproveito todas as circunstâncias e todos os incidentes para fazer caminho e tenho esperanças de chegar a um termo feliz".[70]

Os uruguaios provocavam os ânimos paraguaios, queriam uma aliança contra seus inimigos, incluindo, àquela altura, o Brasil. A missão do enviado brasileiro José Antonio Saraiva chegara a Montevidéu em 6 de maio de 1864.

Outra carta de Sagastume a Herrera de 25 de maio de 1864, respondendo a de Herrera do mesmo mês, que não consta nas correspondências publicadas por seu filho, dizia: "recomendação que me fazes sobre a conveniência de inspirar temores no Paraguai sobre o entendimento argentino-brasileiro foi cumprida integralmente e com menos trabalho do que eu imaginava".[71]

Em 6 de junho de 1864, Sagastume escrevia outra vez a Herrera: "...o demais a ser feito depende principalmente de você. O Paraguai está bem disposto. Diga-me detalhadamente onde pretendemos ir para mostrar o caminho a este governo".[72]

Há ainda cartas de Lapido, ainda na época do envio das notas diplomáticas ao governo argentino, que citam:

> o homem [Solano Lopez] já está nos ajudando e está disposto a continuar. Veremos se conseguimos fazer-lhe falar e mostrar-se publicamente".[73] [...] não tenho deixado de contribuir para avivar nele esta nobre aspiração [de chamar a atenção do mundo].[74]

O Paraguai, após o envio do pedido de explicações ao governo Mitre, passou a atuar sozinho. Passou a exigir satisfações do governo argentino sobre o problema uruguaio sem levar em conta, muitas vezes, o próprio interessado.

Berges deu a conhecer a Lapido sua nota enviada ao corpo diplomático local, também com cópias das queixas enviadas pelos blancos e que dizia, em síntese, o seguinte:

1. que o Governo do Paraguai considerava a independência do Estado Oriental uma condição *sine qua non* para o equilíbrio político regional;
2. que a invasão de Flores chamara-lhe a atenção, mas somente após o comunicado oficial da legação Oriental é que ele resolvera comunicar aquilo ao corpo diplomático;
3. que o Paraguai empregaria todos os esforços ao seu alcance para pôr fim à situação e, assim, restabelecer a paz e a tranquilidade das repúblicas do Prata.[75] Uma mensagem que ilustra como o Paraguai se sentia forte militarmente e também como queria ser participante nas questões da região.

É uma nota distribuída às legações diplomáticas em Assunção e que, pressupostamente, o Brasil recebeu. E não se vê nos comentários diplomáticos no Brasil do período, ou nas intervenções no Congresso ou até mesmo na imprensa debates sobre esse fato específico. Um fato que mostrava a união de interesses entre paraguaios e blancos. A união que resultará na guerra. Pode-se inferir que o Brasil não considerava o Paraguai algo a temer nem ligava para suas reclamações diplomáticas.

A nota paraguaia parece que surtiu efeito. A Argentina resolveu enviar um representante para explicar o que estava acontecendo. Mas os fatos sugerem que o Paraguai queria mesmo continuar a complicar a situação da área. Foi dito a Lapido que o governo não aceitaria explicações verbais, e sim escritas, onde fossem esclarecidos por aquele representante ponto por ponto das reclamações formuladas.[76]

A primeira nota ao governo argentino é datada de 6 de setembro de 1863. Rufino de Elizalde, ministro do Exterior de Mitre, em 2 de outubro de 1863, respondia fazendo elogios ao Paraguai e desmentindo as informações dos blancos. A nova nota de Berges, de 21 de outubro de 1863, fazia outras acusações, como a existência de um livre comitê em Buenos Aires para angariar fundos para Venancio Flores. Uma nota em termos duros. Mais detalhada e agressiva foi a nota de 6 de dezembro de 1863, na qual foram apresentados mais fatos sobre o envolvimento argentino no Uruguai e ainda acusações à Argentina por não haver respondido a correspondência anterior.

Foram seis longas notas de pedido de explicações – 6/9/1863, 21/10/1863, 6/12/1863, 21/12/1863, 6/1/1864 e 6/2/1864 – e cada uma mais dura e ofendida. O Uruguai apresentava novos fatos, como embarque de reforços para Flores, fortificação de Martin Garcia, navios com armas, comitê de ajuda, propaganda pela imprensa argentina em favor de Flores, e o Paraguai fazia outros pedidos de explicações. O interessante é que anexava sempre os novos venenos blancos em cada um dos pedidos. Nessa altura, o governo uruguaio não estava mais importando se as suas reclamações fossem juntas.

As respostas argentinas, quando dadas, não satisfaziam os paraguaios. Solano Lopez iniciará acelerado recrutamento militar[77] que, em vez de ser usado contra a Argentina, servirá para começar a contenda com o Brasil.

Os fatos indicam que o Paraguai preparou-se para guerrear a Argentina. Quem sabe pode ser arguido que, se o Brasil não tivesse aparecido em cena, o governo Mitre teria problemas maiores com o Uruguai e o Paraguai. O Brasil, ao invadir o Uruguai, talvez tenha ajudado o governo Mitre na posterior integração argentina.

Nas notas de Berges percebe-se a impaciência por uma resposta, uma espécie de reparação à dignidade nacional. A Argentina ia respondendo aos pedidos de explicações com evasivas e críticas aos blancos. Atitude que cada vez mais irritava o governo paraguaio. Mitre, mesmo se quisesse, não tinha como dar todas as explicações. Não existia melhor tática do que a protelação no aguardo de uma vitória de Flores ou de uma paz que satisfizesse também os unitários de Mitre.

O Paraguai não dava trégua nos pedidos de explicações e nas lamúrias pelas respostas de Buenos Aires. Na última longa nota, o Paraguai estava quase declarando guerra à Argentina ao dizer que não queria mais saber de explicações, mas que o governo argentino se precavesse com as consequências disso. Os argumentos e as intrigas diplomáticas dos enviados uruguaios a Assunção, desde 1862, ajudaram a azedar as relações externas no Prata.

É possível arguir ainda que o radicalismo partidário da maioria dos blancos fez fracassar as tentativas de paz na área. Uma delas, que será contada em capítulos à frente, foi a intervenção de Elizalde, Thornton e Saraiva para que os blancos e colorados se entendessem no Uruguai. Fracassou a tentativa de paz por pressão do grupo mais radical dos dirigentes uruguaios que esperavam frutos melhores e perigosos da relação com o Paraguai.

A outra vez foi quando o uruguaio Andrés Lamas, contra toda oposição, assinou em 20 de outubro de 1863 um Protocolo de Paz com Elizalde. Um ato que ajudaria a minorar os problemas do Uruguai. Um ato que indica que Mitre buscou algum tipo de entendimento com seus vizinhos uruguaios. Precisava de paz ali para o projeto de integração do seu país. Porém, mais de um mês antes da tentativa de paz de 20 de outubro, em 6 de setembro, o governo paraguaio mandara a primeira nota de pedido de explicações à Argentina juntando as reclamações dos blancos contra aquele país. Mesmo alguns tentando atrapalhar os arranjos de paz com o envio das notas diplomáticas, Lamas e Elizalde ainda tentaram diminuir a tensão política na área.

Reforça o argumento sobre o motivo que Lapido não queria, em forma aparente, o envio das notas ao governo argentino. Apesar de ser contra a ação diplomática em Buenos Aires, o seu país, através do pacifista Lamas, estava em negociação com a Argentina. Talvez possa ser arguido ainda que o pior para os interesses paraguaios e dos radicais blancos é que esse passo poderia desembocar num acordo maior de paz para a área. O governo blanco, apesar de aparentemente aprovar a ação de Lamas em Buenos Aires, antecipadamente furava o resultado do seu trabalho em favor do confronto ao concordar que o Paraguai enviasse as notas, incluindo os despachos blancos, ao governo Mitre.

A carta de Herrera a Lapido de 22 de setembro de 1863, em que os blancos aceitavam o envio das notas à Argentina, é a demonstração disso. A região vivia à beira de um ataque de nervos. Querer culpar a Inglaterra pela Guerra do Paraguai é desconsiderar a história de uma região. É apequenar demais o assunto. A guerra é nossa.

Solano Lopez, ao enviar as notas, desmascarava junto a Mitre as intenções dos blancos. Assim mesmo o governo Mitre foi em frente com a tentativa de paz arquitetada por Lamas. Se ela tivesse acontecido, as reclamações de Lopez, em defesa dos blancos, não teriam o efeito que tiveram e, mais interessante, teriam mostrado ao homem forte do Paraguai quem eram e como agiam alguns dirigentes uruguaios. Uns falando de paz e outros atuando no sentido inverso. Mitre procurou jogar um contra o outro. Era confusa a situação da área. A guerra é consequência.

Naquele protocolo de paz, Lamas incluiu, com a aprovação do governo argentino, o nome do Imperador do Brasil como árbitro entre Buenos Aires, o governo blanco e os colorados. O grupo radical blanco sabotará o trabalho de Lamas quando Lapido propôs, ao lado do nome do Imperador, o de Solano Lopez também como árbitro. Mitre recusou a proposta.

No momento que Solano Lopez foi guindado a uma posição de destaque nos assuntos regionais, o governo Mitre recusou seu nome. Não foi uma atitude sensata se for levado em conta o que viria depois. Estava correto, no entender blanco, que o Brasil devia ser chamado como árbitro por ser país limítrofe, porém o Paraguai tinha "interesses de existência". Os blancos continuavam atiçando Solano Lopez.

Enquanto Lamas, quase em desespero, tentava a paz, outros blancos como Lapido, Sagastume, Carrera e até mesmo Herrera, crentes na força paraguaia e na quase certeza no levante de Urquiza, trilhavam caminhos que podiam levar à guerra e continuavam com a cantilena em torno de Solano Lopez que, como escrevera Herrera, queria "chamar a atenção do mundo".

Era difícil uma pacificação da área. Duas partes da equação local estavam a favor de aumentar a confusão política na região ou até mesmo de uma guerra: a maioria dos blancos e Solano Lopez.

O protocolo de paz de 20 de outubro não teve vida longa. Disse Lamas: "nos colocamos em desinteligência com o governo argentino, renunciando a uma neutralidade convencional, eficaz e definida, bem como nos pusemos longe de qualquer simpatia por parte do Brasil".[78]

A política uruguaia já buscara apoio antes no Brasil quando o perigo era portenho, ou deste quando o perigo vinha do Brasil, e até o europeu quando a situação piorava. No momento em que Lamas conseguiu a boa vontade de Buenos Aires e a paz podia até ser concretizada, Solano Lopez e o radicalismo blanco caminharam em outra direção.

Não é fácil criticar a posição de alguns blancos na busca de uma união mais íntima com o Paraguai. A situação entre blancos e unitários portenhos era complicada e uma tentativa de paz com a intermediação do Brasil era, quem sabe, voltar à mesma posição uruguaia de antes. Os blancos vinham, desde 1862, tentando mudar o eixo de aproximação existente com Buenos Aires e o Rio de Janeiro, que historicamente sempre trazia novos problemas para Assunção e para o Paraná (parte do interior da Argentina).

No momento em que parecia que iam conseguir, surgia o trabalho de paz e sem a participação do Paraguai. Era furar todo um esquema de trabalho anterior. A inclusão do nome de Solano Lopez foi uma inteligente manobra diplomática dos blancos, que não deu certo. Talvez seja dar asas à imaginação dizer que, se Solano Lopez, com o Imperador, conseguisse resolver o imbróglio no Uruguai, a guerra que veio poderia ter sido evitada, pelo menos naquele momento.

Em 1864, quando da presença da missão Saraiva em Montevidéu, os blancos irão propor outra vez o nome de Lopez como árbitro entre o Brasil e o Uruguai. Foi recusado pelo Brasil. As recusas, tomadas como desapreço, não foram bem-aceitas por Solano Lopez.

Carta de Berges a Egusquiza, de 6 de agosto de 1864, descreve essa decepção. Dizia que o que temos de recente é a decepção que sofremos pela recusa de mediação que talvez tenha atingido nosso crédito moral. Mas o governo do senhor Aguirre, que está novamente em perigo pela falência das negociações dos ministros Elizalde, Saraiva e Thornton e dos acontecimentos de seis de julho p.p., não se perturbou em mandar uma missão confidencial junto a este governo.[79]

Os blancos, em algumas ocasiões, passaram por situações vexatórias junto a Solano Lopez. Em 2 de março de 1864, por exemplo, Atanasio Aguirre, novo presidente do Uruguai, escreveu uma carta a Lopez comunicando sua eleição e reforçando os laços de amizade e entendimento entre os dois governos. Em 13 de março do mesmo ano, Lopez respondeu a Aguirre e a parte principal da carta era para reclamar de um fato acontecido com o barco paraguaio Paraguari no porto de Montevidéu, "acontecimento que obriga o meu governo a pedir ao de V. E. a precisa satisfação".[80] Um incidente no porto de Montevidéu, sem nenhuma intenção de ferir os brios paraguaios, era a causa da queixa de Lopez ao novo presidente blanco.

Os paraguaios, naquele momento histórico, não eram amigos de ninguém na área. Tinha a seu favor parte do governo blanco no Uruguai e, como exemplo da atuação daquela política exterior, um acontecimento sem muita relevância era motivo para esfriamento das relações entre os dois governos até a "solução deste desagradável incidente".

Se os blancos estivessem em condições de aceitar desafios, seria motivo para desentendimentos entre os dois governos de ideias e objetivos supostamente idênticos. Solano Lopez não queria saber disso e poderia até criar mais um adversário na área.

Aguirre, precisando do Paraguai, se desculpará e isso agrada a Lopez, como depreende sua mensagem ao Congresso Extraordinário reunido em Assunção em 5 de março de 1865, em que dizia: "...uma dificuldade momentânea surgiu também com a República Oriental, mas satisfeita as satisfações pedidas as relações amistosas foram restabelecidas".[81]

Dá para conjeturar que a recusa argentina em dar as explicações pedidas por Lopez o tenha ofendido ou, como diziam autoridades paraguaias, que era tempo de desaparecer o humilde desempenho que eles tinham tido naquela parte da América devido ao desrespeito que sempre tiveram com eles.

O próprio Solano Lopez, em carta ao encarregado de negócios paraguaios em Paris, Candido Bareiro, ao referir-se ao desentendimento com o Brasil em favor outra vez dos blancos, disse-lhe que

> se for desprestigiada a voz do Paraguai, seguindo o Brasil sua política para a área, se ocorrerem os casos previstos na nota de 30 de agosto, não tardará a iniciar as hostilidades entre os dois países, não devendo o Paraguai continuar a suportar o depreciativo e meditado esquecimento que dele fazem [...] com graves danos a sua imagem no exterior.[82]

Outra hipótese que pode ser levantada sobre aquele dramático momento histórico é que Solano Lopez e suas atitudes talvez tenham influenciado na eleição presidencial no Uruguai. Andrés Lamas tinha chances de ser eleito.

Ele havia sido representante do seu país no Rio de Janeiro, onde gozava de prestígio, e depois em Buenos Aires. A atuação diplomática dele em busca da paz para o Uruguai foi titânica e em vão. Conseguiu solucionar os casos Salto-General Artigas. Assinou um entendimento de paz com a Argentina pelo protocolo de 20 de outubro de 1863. É possível arguir que a Argentina, mesmo tendo conhecimento das notas uruguaias enviadas pelo Paraguai, em 6 de setembro de 1863, aceitou os argumentos para assinar aquele protocolo para, em primeiro lugar, neutralizar as investidas paraguaias e, quem sabe ainda, procurava ajudar o pacifista Lamas na busca do posto presidencial.

Com Lamas na presidência, o caso Flores poderia ter uma solução. Lamas era o candidato da paz e isso parece que não agradava a Solano Lopez, Berges e até mesmo a Lapido, como se nota em suas correspondências.

Também se pode argumentar que Solano Lopez acabou influenciando na mudança do ministério blanco para o lado mais radical. Autoridades do país arguiam que eles não estavam contra o governo uruguaio, só estavam em desacordo com o atual ministério. Com uma mudança ministerial poderiam se entender mais facilmente.

Quando pensavam assim, o ministério já era mais radical do que o que tinha iniciado a trabalhar com Aguirre. Quando da tentativa de paz patrocinada por Elizalde, Saraiva e Thornton, o ministério se pôs radical de vez.

O domínio dos radicais no ministério era para satisfazer os desejos paraguaios. A culminação daquele radicalismo está na pessoa do mais radical dos blancos, Antonio de las Carreras, que fora transformado em ministro da Guerra, Marinha, Finanças e Relações Exteriores.

Entre os blancos Lamas e Carreras havia uma distância enorme. Uma distância entre a paz e a guerra. Carreras foi indicado representante diplomático em Assunção no momento anterior à guerra. O grupo radical ganhara a disputa interna, como queria Solano Lopez. A guerra é consequência da confusa situação da área.

Não terminaram com Lapido as missões diplomáticas dos blancos em Assunção. Outros representantes serão nomeados junto ao governo paraguaio. Eles, com a situação regional mais deteriorada ainda, são mais radicais que seus antecessores. Se houvesse algo feito pelos ingleses a favor dos adversários dos blancos e dos paraguaios, esses enviados diplomáticos poderiam ter mostrado isso numa ou noutra correspondência. Ao trabalhar com seus despachos e comentários a intenção continua a mesma: tentar encontrar nessas, como nas outras correspondências, se houve movimentação dos ingleses para criar a Guerra do Paraguai.

Em 1º de maio de 1864, José Vasquez Sagastume recebeu suas instruções para atuar junto ao governo paraguaio. Havia uma ameaça mais premente no momento ou a indisposição entre o governo do país e o Brasil.

Os blancos defendiam que se o Paraguai havia se manifestado de forma veemente com a Argentina, deveria fazer o mesmo com o Brasil. Não podia ficar "na região das teorias", tudo deveria ser feito de forma vigorosa, "fundada no direito e garantido pela força". Argumentavam que a paz na área estava ameaçada, "produzindo, como há de produzir, conflito geral".[83]

Os blancos, após a visita do enviado diplomático argentino José Mármol ao Brasil, em missão especial do governo Mitre e com um ministério liberal no país, temiam uma união entre Buenos Aires e o Rio de Janeiro. Os blancos queriam que o Paraguai mandasse força militar para o Uruguai. Numa guerra trabalhariam juntos. Se não houvesse conflito, a região passaria a respeitar a união dos dois países.[84]

Além de apoio militar, os blancos insistiam que os paraguaios fizessem uma manifestação junto ao Brasil. A intenção no caso seria mandar um recado àquele país de que o Uruguai não estava sozinho. Havia um governo na região que o apoiava. Lopez fará isso, após o ultimato brasileiro ao Uruguai, ao enviar a nota de 30 de agosto de 1864.

Em 14 de julho de 1864, Antonio de las Carreras, o mais radical do governo blanco, foi nomeado para atuar junto a Sagastume no Paraguai. Carreras vai pedir ao Paraguai que abandone as indecisões, pois os acontecimentos do momento poderiam ser fatais aos dois países.[85] Os blancos vão bater na tecla de que já havia um acordo entre o Brasil e a Argentina e que isso era um perigo para o Paraguai.[86]

Os blancos diziam ainda a Solano Lopez que, numa guerra que achavam que viria, se ocorresse um ataque, o Paraguai teria que atuar logo sobre territórios do Brasil e da Argentina e enviar força militar para atuar com os uruguaios.[87] Lopez mandou soldados no início do conflito ao Brasil e para a Argentina, como defendiam os blancos.

Não se pode esquecer que, desde 6 de maio de 1864, já se encontrava em Montevidéu o enviado brasileiro, José Antonio Saraiva. Fora ali dar um ultimato ao governo blanco em defesa dos interesses da província do Rio Grande do Sul. Em julho, quando Carreras foi para o Paraguai, as conversações entre os dois governos não apresentavam avanços para solucionar o pedido do Brasil. O governo blanco não tinha apoio no Brasil nem na Argentina, e depositava esperança num arranjo com o Paraguai.

Na busca de uma aliança mais concreta com os paraguaios, em 1º de agosto de 1864, Carreras entregou a José Berges um memorando. No velho estilo do cerco blanco, dizia que Mitre queria reconstruir os limites territoriais do antigo vice-reinado do Prata. Isso era comprovado, segundo ele, por um banquete em Buenos Aires em que o assunto foi motivo de conversa.[88]

O memorando mostrava ainda que mesmo se a Argentina e o Brasil não invadissem o Uruguai, poderiam continuar a ajudar Flores e que este concordaria com aquela "política de absorção". Dizia que o perigo imediato na região era agora o Brasil e que o estilo brasileiro para adquirir mais território sempre fora o de aproveitar os momentos de confusão e trepidação política nesse ou naquele país.[89]

É interessante observar que até o último momento o Paraguai não assinou formalmente um tratado ofensivo e defensivo com o insistente governo blanco. Mas com o envio das notas diplomáticas à Argentina, em 6 de setembro de 1863, se comprometera, mesmo sem acordo escrito, com os desejos blancos. Mais tarde, faria o mesmo com o envio da nota de

30 de agosto de 1864 ao Brasil. A invasão do Brasil no Uruguai fará Solano Lopez cumprir o que estava nessa correspondência diplomática.

Não se vê nesses documentos e cartas nenhuma menção a alguma trama da Inglaterra. Se houvesse alguma maquinação ou apoio dos ingleses para este ou aquele lado é de supor que apareceria em alguma correspondência. Porque se a Inglaterra tendesse a apoiar esse ou aquele lado em alguma disputa futura, os participantes locais deveriam se posicionar sobre como atuar.

A Inglaterra era a maior potência da época e seria de lá que poderiam vir armas e outros meios para um suposto confronto entre lados e interesses. Não há citações de atuação dos ingleses em fomentar uma guerra ou que tenha aproveitado a complicada situação política da área para, com maquiavelismo, manipular os países sem que ninguém percebesse, e direcioná-los para um conflito destruidor. O que ela e outros países queriam é que o comércio ou a importação de seus bens não tivessem problemas por causa de uma desavença maior na região.

NOTAS

[1] Este capítulo é resultado de dois trabalhos do autor. Alfredo da Mota Menezes, *Solano Lopez, o Partido Blanco e a Guerra do Paraguai: análise da influência diplomática oriental sobre o Paraguai, 1862-1864*, New Orleans, 1982, Dissertação de mestrado em História da América Latina, Tulane University. Alfredo da Mota Menezes, *Guerra do Paraguai: como construímos o conflito*, São Paulo, Contexto, 1998, pp. 67-116.

[2] "Juan José de Herrera para Montevidéu em 6/3/1862", em Luis Alberto de Herrera, *La diplomacia oriental en el Paraguay: correspondencia oficial y privada del Doctor Juan José de Herrera, ministro de Relaciones Exteriores de los gobiernos Berro y Aguirre*, Montevidéu, sem editor, 1908-19, v. 1, pp. 382-3. A obra tem 3 volumes, mas todo o tema tratado por Herrera junto a Carlos Antonio Lopez está no volume 1.

[3] Idem, pp. 391-2.

[4] Idem, p. 392.

[5] Idem, p. 394.

[6] Idem, p. 396.

[7] Idem, p. 397.

[8] "Juan José de Herrera para Montevidéu em 4/4/1862", em Luis Alberto de Herrera, op. cit., p. 425.

[9] "Juan José de Herrera para Montevidéu, em 15/4/1864", em Luis Alberto de Herrera, op. cit., p. 438.

[10] "Instruções de Juan José de Herrera, novo ministro das Relações Exteriores do Uruguai, ao enviado diplomático em Assunção, Octavio Lapido, em 3/3/1863", em Luis Alberto de Herrera, op. cit., v.2, pp. 390-1.

[11] Idem, p. 387.

[12] Idem.

[13] Luis Alberto de Herrera, op. cit., v. 2, p. 390.

[14] Idem, pp. 390-1.

[15] Idem, p. 391.

[16] Luis Alberto de Herrera, op. cit., v. 2, pp. 391-2.

[17] Idem, p. 393.

[18] Idem, p. 395.

19 Luis Alberto de Herrera, op. cit., v. 2, p. 396.
20 Idem, p. 397.
21 Idem, p. 398.
22 Luis Alberto de Herrera, op. cit., v. 2, p. 399.
23 Idem, pp. 401-2.
24 Idem, pp. 404-8.
25 Luis Alberto de Herrera, op. cit., v. 2, pp. 408-9.
26 Idem, pp. 409-10.
27 Idem, p. 410.
28 "Juan José de Herrera para Lapido, em 3/3/1863", em Luis Alberto de Herrera, op. cit., v. 2, pp. 410-1.
29 "Lapido para Herrera, em 9/7/1863", em Luis Alberto de Herrera, op. cit., p. 445.
30 Idem, pp. 445-6.
31 "Juan José de Herrera para Lapido, em 31/8/1863", em Luis Alberto de Herrera, op. cit., v. 2, p. 424.
32 Idem, p. 427.
33 Idem, p. 428.
34 "Juan José de Herrera para Lapido, em 31/8/1863", em Luis Alberto de Herrera, op. cit., v. 2, p. 429.
35 Idem, pp. 429-30.
36 Idem, p. 431.
37 "Juan José de Herrera para Lapido, em 31/8/1863", em Luis Alberto de Herrera, op. cit., v. 2, p. 432.
38 Idem, p. 436.
39 "Carta de Rufino de Elizalde para Sarmiento de 11/10/1865", em Arturo Rebaudi, *La declaración de guerra de la República del Paraguay a la República Argentina: misión Luis Caminos, misión Cipriano Ayala, declaración de Isidro Ayala*, Buenos Aires, Serrantes Haos Impressores, 1924, p. 231. Também citação 39, "Herrera para Lapido em 3/8/1864", em Luis Alberto Herrera, v. 2, p. 436.
40 "Herrera para Lapido em 31/8/1863", em Luis Alberto Herrera, op. cit., v. 2, p. 437.
41 Idem.
42 Luis Alberto Herrera, op. cit., v. 2, pp. 49-54.
43 "Lapido para Herrera em 20/7/1863", em Luis Alberto Herrera, op. cit., v. 2, p. 454.
44 "Lapido para Herrera em 5/8/1863", em Luis Alberto Herrera, pp. 461-2.
45 "Carta de José Berges para Felix de Egusquiza em 21/11/1863", em Arturo Rebaudi, op. cit., p. 93.
46 "Berges para Egusquiza em 6/8/1863", em Arturo Rebaudi, op. cit., p. 87.
47 "Carta de Berges para Brizuela em 21/4/1864", em Walter Azevedo, "As Missões Sagastume e Carreras", em *Revista Americana de Buenos Aires*, Buenos Aires, n. 76, p. 33, ago. 1930.
48 "Carta de Berges para Brizuela em 6/9/1863", em Walter Azevedo, op. cit., n. 77, p. 165.
49 "Carta de Herrera para Lapido em 17/8/1863", em Luis Alberto Herrera, op. cit., v. 2, pp. 465-7.
50 "Carta de Lapido para Herrera em 27/8/1863", em Luis Alberto Herrera, op. cit., v. 2, p. 473.
51 Gilbert Phelps, *Tragedy of Paraguay*, Londres, Charles Knight and Co. Limited, 1975. Diz que "ele [Solano Lopez] não desejava uma solução para a crise a não ser feita por ele mesmo; queria manter a Argentina e o Uruguai em constante choque e assim podia emergir triunfalmente como mediador, como fizera em 1859, assegurando assim para si um respeito tingido com medo e para seu Paraguai um lugar ao sol".
52 "Carta de Lapido para Herrera em 20/7/1863", em Luis Alberto Herrera, op. cit., v. 2, p. 446.
53 "Carta de Lapido para Herrera em 27/8/1863", em Luis Alberto Herrera, op. cit., v. 2, p. 474.
54 Idem, p. 473.
55 "Carta de Berges para Felix de Egusquiza em 21/9/1863", em Arturo Rebaudi, op. cit., p. 90.
56 Idem.
57 Andrés Lamas, *Tentativas para la pacificación*, Buenos Aires, Imprenta de La Nación Argentina, 1863, pp. 81-2. Apud Arturo Rebaudi, op. cit., pp. 81-2.
58 "Carta de Venancio Lopez para Egusquiza em 5/6/1863", em Arturo Rebaudi, op. cit., p. 289.
59 "Carta de Brito de Pina para Herrera em 5/12/1863", em Luis Alberto Herrera, op. cit., v. 3, p. 347.
60 "Carta de Berges para Sagastume em 30/8/1864", em Walter Azevedo, op. cit., n. 77, pp. 159-60, 1930.
61 Idem, p. 161.
62 Idem.
63 "Carta de Berges para Sagastume em 30/8/1864", em Walter Azevedo, op. cit., n. 77, pp. 162-3.
64 Notas que não figuram nas correspondências de Herrera.
65 "Carta de Lapido para Herrera em 6/9/1863", em Luis Alberto Herrera, op. cit., v. 2, p. 475.

[66] "Carta de Herrera para Lapido em 22/9/1863", em Luis Alberto Herrera, op. cit., v. 2, p. 478.

[67] Idem, pp. 480-1.

[68] Idem, p. 483.

[69] "Carta de Herrera para Lapido em 22/9/1863", em Luis Alberto Herrera, op. cit., v. 2, p. 488.

[70] "Carta de Sagastume para Herrera em 21/5/1864", em Walter Azevedo, op. cit., n. 78, p. 25, 1930.

[71] "Carta de Sagastume para Herrera em 25/5/1864", em Walter Azevedo, op. cit., n. 78, p. 28.

[72] "Carta de Sagastume para Herrera em 6/6/1864", em Walter Azevedo, op. cit., n. 78, p. 29. Consta também em Luis Alberto Herrera, op. cit., v. 3, p. 488.

[73] "Carta de Lapido para Herrera em 27/8/1863", em Luis Alberto Herrera, op. cit., v. 2, p. 488.

[74] "Carta de Lapido Herrera em 6/11/1863", Luis Alberto Herrera, op. cit., v. 2, p. 493.

[75] "Carta de Lapido Herrera em 6/11/1863", em Luis Alberto Herrera, op. cit., v. 2, p. 492.

[76] Idem, p. 494.

[77] Cartas de Berges para Egusquiza em 21/5/1864 e 6/6/1864 mostram os preparativos militares paraguaios que tiveram início em fevereiro de 1864. Em Arturo Rebaudi, op. cit., pp. 102-3.

[78] Andrés Lamas, em *Tentativas para la pacificación*. Apud Arturo Rebaudi, op. cit., p. 83.

[79] "Carta de Berges para Equsquiza em 6/8/1864", em Arturo Rebaudi, op. cit., p. 107.

[80] "Solano Lopez para Aguirre em 13/3/1864", em Luis Alberto Herrera, op. cit., v. 3, p. 532.

[81] "Solano Lopez para o Congresso em 5/3/1864", em Arturo Rebaudi, op. cit., p. 166.

[82] "Carta de Solano para Candido Bareiro em 6/8/1864", em Arturo Rebaudi, op. cit., p. 206.

[83] "Juan José de Herrera para Sagastume em 1º de maio de 1864", em Luis Alberto Herrera, op. cit., v. 3, p. 354.

[84] Idem, pp. 355-6.

[85] "Herrera para Antonio de las Carreras em 14/7/1864", em Luis Alberto Herrera, op. cit., v. 3, p. 364.

[86] Idem, p. 365.

[87] Idem, p. 366.

[88] "Carreras para Berges em 1º de agosto de 1864", em Luis Alberto Herrera, op. cit., v. 3, p. 374.

[89] Idem.

Congresso Nacional, Rio Grande do Sul e Uruguai

No Congresso brasileiro, nos anos anteriores à Guerra do Paraguai, o debate foi intenso. Veio do Rio Grande do Sul o motivo que levou o parlamento a uma discussão maior sobre o assunto. Gaúchos tinham atravessado a fronteira para trabalhar ou ter propriedades no Uruguai. Ali havia uma disputa política e militar aguda entre os Partidos Blanco e Colorado. Quase em luta contínua, era difícil aos dirigentes do país defender os interesses de estrangeiros lá residentes. As queixas desses patrícios vão crescer e chegam ao Rio de Janeiro. Chegam também através da imprensa, principalmente a do Rio Grande do Sul, que expressava descontentamento com a situação dos brasileiros no país vizinho.

A desavença no Uruguai será o estopim imediato para a guerra que engolfou países do Prata entre 1864-1870. Antes de chegar a esse desfecho, muito debate ocorreu no Congresso brasileiro e também na Assembleia Legislativa do Rio Grande do Sul.

A primeira manifestação na Câmara dos Deputados foi a de Jacintho de Mendonça, deputado gaúcho, no dia 15 de junho de 1860. A sessão do parlamento foi aberta às 11 horas da manhã. Aliás, esse era o horário normal da abertura dos debates naquela casa, como também no Senado, e se encerravam os trabalhos entre quatro e cinco da tarde.

O deputado discursa que não se pode ter somente relações comerciais com o Rio da Prata. Que não se pode ser indiferente aos 40 mil brasileiros que vivem no Uruguai sem garantias, onde são assassinados e suas propriedades destruídas.[1] O Uruguai, ele argui, não estaria cumprindo acordos e o governo do presidente Bernardo Berro não dava garantias aos brasileiros que lá vivem. Ele chama de "política de abandono para todos os interesses, para todos os direitos dos cidadãos brasileiros que em tão grande quantidade residem no Estado Oriental [...] e a que o Brasil deve proteção".[2]

O deputado Oliveira Bello, outro do Rio Grande do Sul, em 26 de julho de 1860, também aponta o dedo para aquilo que chama de negligência do Império do Brasil em suas relações no Prata, principalmente no Uruguai.[3] Ele, repetindo seu colega, diz que o Uruguai não cumpre acordos. Lá se desconhece "até o direito de nacionalidade de um súdito brasileiro" e que a imprensa uruguaia ofende "o caráter e a dignidade nacional".

Ataca também as relações do Brasil com a Argentina e o Paraguai e que "são muitas dificuldades acumuladas para um futuro que pode vir a ser muito desastroso". Diz ainda que a política do Império de abstenção nos assuntos do Prata não é a correta.[4]

Na mesma sessão, o ministro dos Negócios Estrangeiros, com o sugestivo nome de Cansansão de Sinimbu, explica[5] que as relações com a República Oriental do Uruguai podem ser analisadas de três pontos de vistas:

1. Da relação comum entre países.
2. Das relações comerciais.
3. Dos interesses internacionais ou da "situação geográfica que o Uruguai ocupa entre o Brasil e a Argentina".

Fala que o governo empregaria "todos os meios que estiverem à sua disposição" e confia que sempre encontraria apoio naquela casa de leis e em todo o país.[6]

O ministro argui que se alguns acordos não foram cumpridos pelo Uruguai foi por causa do desassossego regional, como aquele que passou a Argentina na luta entre Buenos Aires e províncias do interior.[7] Se resolvidos esses contratempos, acreditava que o país vizinho iria cumprir acordos com o Brasil e garantir vidas e propriedades de brasileiros.[8]

Fala ainda que havia contínua guerra civil no Uruguai e que "não é justo pretender que em um estado semelhante os estrangeiros nele residentes encontrem a mesma garantia, a mesma proteção que pode oferecer um estado mais bem organizado e constituído".[9]

Diz também que o Uruguai não "pode ser absorvido por qualquer nacionalidade [...] no momento em que qualquer país tiver semelhante pretensão, as forças do Império se moverão porque o Estado Oriental há de ser independente ou não há de ser de país algum".[10]

Falava se dirigindo à Argentina. Mais tarde, o Paraguai entrará em guerra contra o Brasil alegando que o Uruguai poderia ser absorvido pelo invasor e, se fosse, desequilibraria a balança de poder na Bacia do Prata. É bom recordar que o tal equilíbrio, mesmo precário e não muito real, supostamente reunia de um lado o Paraguai, os blancos e algumas províncias argentinas. Do outro estavam a Argentina portenha, o Brasil e os colorados.

Outro deputado gaúcho, Amaro da Silveira, na sessão de 12 de julho de 1861, discursa que o Uruguai não cumpriu acordo de permuta de uma área em Santana do Livramento, que pertencia àquele país, por outra no Rincão do Artigas, que era brasileira.[11] Entende que os uruguaios, ao darem nomes de fatos históricos e de personalidades em trechos do território da fronteira, faziam isso com acinte e feriam o orgulho do Brasil.

O deputado discursa sobre os problemas dos brasileiros no país vizinho ou "a má vontade que aquele governo tem aos brasileiros". Lá eles sofrem "perseguição, vexames, tropelias e crueldades".[12]

> [O que pretende] o governo do meu país? Pretende conservar-se na abstenção absoluta? Pretende deixar que aquela República nade em sangue? Em minha opinião o governo do meu país tem sido um pouco fraco com esses governicos que têm ludibriado a nossa nacionalidade.[13]

Houve muitas frases de apoio e aplausos ao que disse o deputado. Ele diz ainda que os uruguaios deveriam "respeitar não só nosso pavilhão como os interesses de nossos concidadãos". Reclama da precariedade da Marinha brasileira em vasos de guerra e em soldados ou praças.[14]

O ministro da Marinha, Joaquim José Ignácio,[15] dando números, responde que "se [os uruguaios] derem sequência, como as que falam o nobre deputado, a Câmara não faltaria com os meios para equipar melhor a Marinha". Isso em 1861, mais de três anos antes da guerra.

Três dias depois, em 15 de julho de 1861, o ministro dos Negócios Estrangeiros, Benevenuto Taques, responde ao discurso do gaúcho Amaro da Silveira.[16] Ele recorda que o deputado queria saber "qual a política do governo imperial em relação às Repúblicas do Rio da Prata [...] saber também qual o propósito do governo imperial em relação aos interesses dos súditos do Império que se acham estabelecidos em território oriental".[17]

Esclarece que a política do Brasil aplicada ali "é a mais coerente para o Império [...] que o governo imperial não é indiferente ao estado dessas Repúblicas", mas que aqueles estados precisam se reorganizar. O governo entende que "não deve intervir nas questões internas daqueles países" e que lá existem "inconvenientes e preconceitos contra o Brasil".[18]

Deu ênfase também na luta entre Buenos Aires e o interior argentino que levou desassossego para toda aquela região. Sobre os brasileiros no Uruguai, diz que "os súditos do Império que se estabeleceram na Banda Oriental não podem esperar ali uma segurança e proteção da parte do governo daquela República que os próprios nacionais não têm".[19]

Havia muita instabilidade política na área desde a independência. O Brasil Império era mais estável e autoridades nacionais falavam de uma posição quase de superioridade política com os outros países da região. A política externa do Brasil, até aquele momento, era de neutralidade. Deixar que os países vizinhos encontrassem seus caminhos. O pessoal do sul do país é que andava indócil com a situação. Um fato que, na Câmara e no Senado, irá provocar os ânimos nacionais.

O deputado Amaro da Silveira, em 8 de julho de 1862, discursa que o governo uruguaio indenizava por causa da guerra civil súditos da Inglaterra e da França, e não fazia o mesmo com os brasileiros que lá sofriam problemas também.[20] Diz que não procede a alegação do Uruguai de que se pagasse indenização aos brasileiros, os portugueses e espanhóis iriam pedi-la também.

Amaro da Silveira lê em plenário[21] um relatório feito pelo cônsul brasileiro em Montevidéu numa viagem que fizera à vila de Taquarembó. Constam nomes dos brasileiros mortos ou esfaqueados por autoridades uruguaias, cita 15 casos. Fala sobre pessoas com grilhões e fazendo trabalhos forçados nas ruas. Também dos ataques e violências praticados contra a vida, segurança e liberdade dos brasileiros e ainda às propriedades dos que residiam no Uruguai.

O discurso do parlamentar é forte. Relata atrocidades, assassinatos, prisões, destruições de propriedades ou casos de brasileiros obrigados a servirem na polícia. Fala em humilhação nacional e chama a atenção do governo imperial para o que vem ocorrendo no Uruguai.

Toca ainda nas desavenças territoriais com o Paraguai ao dizer: "eu entendo que para evitar um conflito mais sério com o Paraguai é preciso prestar muita atenção a esse assunto". Volta ao caso uruguaio e, pela primeira vez, cita a palavra guerra.

Fala que a guerra é uma calamidade, mas diz:

> entendo também que é um grande meio para fazermos valer nossos direitos, o que é um recurso legítimo sem o qual as nações não podem sustentar-se, sem o qual não se pode subsistir muito tempo [...] para evitarmos a guerra precisamos na paz sermos um pouco mais enérgicos [...] precisamos mostrar que estamos dispostos a lançar mão do recurso da guerra quando os outros não tenham produzidos os fins justos que anelamos.[22]

Aparecem muitos aplausos nos Anais da Câmara.

O debate naquela sessão de 8 de julho de 1862, sobre as agruras do Brasil com seus vizinhos, foi longo. O mesmo deputado reclama outra vez que o Uruguai, "além de outros fatos, trata com a Inglaterra e a França acerca de ajustes nas respectivas reclamações e pretere o direito muito melhor do Brasil".[23] Reclamava das indenizações e atenções que o governo uruguaio dava àqueles países europeus sem fazer o mesmo com o Brasil. O orgulho nacional, pelo menos na Câmara, estava ferido.

Impressiona como o parlamento sabia e discutia sobre as relações externas do Brasil. São citados fatos, tratados, acordos, navegação, comércio, não só na fronteira, mas também em espectro mundial. Há detalhamento dos orçamentos e gastos do Brasil com as questões externas.

No outro dia, a Câmara estava de volta com os assuntos em nossa fronteira sul. Na sessão de 9 de julho de 1862, o deputado Martinho Campos discursou sobre os problemas de limites com o Paraguai. O Brasil, mais uma vez, não estava decidindo o assunto, sempre havia motivos para o adiamento da conclusão. O último era a demissão do encarregado dos negócios em Assunção.

Diz o deputado que "parece que desta vez o presidente Lopez não estará resolvido a conceder-nos novo adiamento [...] esta questão nos baterá à porta". E conclui: "não sei por que temos que recear quando tratamos com uma nação mais fraca que qualquer de nossas províncias de segunda ordem".[24]

Uma demonstração de que o Paraguai era visto como um país de segunda categoria na área. Foi colocado abaixo de uma província brasileira de "segunda ordem".

O mesmo deputado chama a atenção do governo imperial para o problema com o Paraguai e que se deve admitir que "Mato Grosso esteja inteiramente desguarnecido". Diz que "o êxito dos primeiros conflitos, se conflito houver, nos seja desfavorável: poderá o Paraguai sustentar conosco uma luta prolongada?".[25] Em 1862, ele acertou na mosca o que iria acontecer na guerra.

Pelo menos, mesmo que seja retórica parlamentar, tem-se alguém falando alguma coisa do Paraguai. Não era a respeito do estado militar que se estava montando ali. Discursava sobre os problemas de fronteira nunca resolvidos com o país vizinho. Mas mesmo assim foi um dos poucos que falaram do Paraguai, país que seria o grande adversário militar brasileiro poucos anos à frente.

Benevenuto Taques, que não era mais ministro, se reporta às intervenções do dia anterior sobre as agruras dos brasileiros no Uruguai, com assassinatos e ataques às propriedades, e diz que o governo imperial tinha conhecimento daqueles fatos e que inclusive constava no relatório de quando estava no ministério. Informa que o cônsul que esteve em Taquarembó ali foi por ordem do governo, e que se fizeram "reclamações enérgicas" de nossa legação perante o Governo Oriental. Estabelece-se um debate entre ele e Amaro da Silveira sobre o que o governo fez ou deixou de fazer pelos brasileiros.[26]

Não se encontram debates sobre os problemas de brasileiros no Uruguai nos Anais da Câmara em 1863. É que, segundo a sessão de 12 de maio daquele ano, pelo Decreto Imperial 3.092, foi dissolvido o Congresso e convocada eleição para renová-lo para janeiro de 1864. O problema dos gaúchos no Uruguai voltará com força no ano de 1864.

Na sessão de 15 de março de 1864 há grande debate na Câmara sobre um desentendimento com a Inglaterra. Deputados pediam explicações e ministros se pronunciam a respeito da Questão Christie. Esse fato foi um contencioso diplomático entre o Brasil e a Inglaterra entre 1862 a 1865. O barco mercante inglês *Prince of Wales*, em 1861, encalhou nas costas do Rio Grande do Sul. Foi saqueado. O representante inglês, William Christie, pediu indenização ao governo imperial. Em 1862 houve uma briga, no Rio de Janeiro, entre marinheiros ingleses e brasileiros. A partir daí os ânimos diplomáticos se acendem.

A Inglaterra apreendeu barcos brasileiros no Rio de Janeiro e o assunto foi para o rei Leopoldo da Bélgica para intermediação. A decisão final foi favorável ao Brasil. O país queria desculpas formais dos ingleses. Só ocorreu em 1865, quando foram restabelecidas as relações diplomáticas entre ambas as nações. A Guerra do Paraguai já começara em 1864. No período anterior à Guerra do Paraguai, o Brasil estava em litígio com a Inglaterra.

O Brasil, nos anos anteriores à Guerra com o Paraguai, não estava em bom relacionamento com a maior potência do mundo. Mais um dado para reflexão sobre a manipulação que os ingleses supostamente fizeram para jogar os países do Prata na guerra. Se havia entrevero do Brasil com a Inglaterra, fica difícil acreditar que se armou um complô secreto entre os dois países para acabar com o tal crescimento econômico autônomo do Paraguai.

Na mesma sessão de 15 de março de 1864, um deputado por nome Nemias ataca a política de neutralidade do governo nos assuntos do Prata, alertando-o para os fatos do sul, e acusa que a política imperial ali é "inerte e tardia". Exorta o governo a uma ação mais forte na região.

Dias Vieira, ministro Interino dos Negócios Estrangeiros, naquela sessão na Câmara, fala sobre os problemas no Uruguai. Diz que "já tive ocasião de dizer o pensamento do governo relativamente às lutas que dilaceram aquele país. A nossa política não pode ser outra senão a de neutralidade".[27]

O ministro argui ainda que mesmo a presença do general Netto no Rio de Janeiro não faria o governo modificar sua política para o Prata. O general Antonio de Souza Netto foi à capital federal defender os gaúchos que sofriam problemas no Uruguai. Sua presença, apesar do que disse o ministro, será crucial para novos desdobramentos que ocorrerão dali para frente no governo imperial. As demandas que o general levou ao Rio de Janeiro fizeram o Congresso abraçar de vez a causa do Rio Grande. Os discursos ali eram também publicados pela imprensa do Uruguai e a parafernália do vocabulário próprio dos parlamentares ajudaria a azedar ainda mais a relação do Brasil com os uruguaios.

Talvez 5 de abril de 1864 tenha sido o dia mais quente dos debates na Câmara dos Deputados sobre os fatos que aconteciam na fronteira sul do país. A primeira e longa intervenção é do mineiro Ferreira da Veiga. É possível especular que por sua eloquência tenha sido escolhido para falar com dureza do assunto que já envolvia o Brasil.

Arrumaram uma questão regimental e ele discursou antes de outro deputado do Rio Grande do Sul, que também fez uma intervenção incisiva. Mas o mineiro abre os debates em que estava presente, por convocação, o ministro dos Negócios Estrangeiros.

Ferreira da Veiga se reporta à fala do ministro interino dos Negócios Estrangeiros sobre a neutralidade no Prata, sobre não serem tomadas medidas mais drásticas ali, e que mesmo a presença do general Netto não ia mudar a política externa do Brasil para com a região.[28]

Em sua opinião já não havia neutralidade, pois cerca de 2 mil brasileiros estavam em armas no Uruguai. Com o ministro de Estrangeiros em plenário, Veiga brada que o general Antonio de Souza Netto representava cerca de 40 mil brasileiros que residiam no Uruguai.

Discursa que ele fora ao Rio de Janeiro porque uma representação feita ao governo imperial em novembro do ano anterior não teve resultado. Fala que os brasileiros no Uruguai "não têm o direito à proteção do governo imperial, eles têm meios, têm recursos, têm força para se protegerem, para fazer justiça com suas próprias mãos".[29]

É aqui que começa a mudar o tom a respeito dos brasileiros no Uruguai. A presença do general Netto no Rio altera tudo. O governo imperial sabia o que ocorria no país vizinho, mas mantinha sua política de neutralidade para a região. Nas diferentes vezes que interviera ali não conseguira alterar o rumo da vida política local. Decidira abster-se dos problemas de lá. Fizera ouvido mouco aos discursos de tanta gente por muito tempo. De agora em diante será colocado frente a uma situação em que será obrigado a agir.

A existência de 2 mil brasileiros ao lado de Flores, continua o discurso inflamado de Ferreira da Veiga, não era porque os colorados fossem "menos hostis com o Império". Foi a necessidade. Preferiam morrer no campo de batalha em vez de "serem assassinados em suas próprias

Venancio Flores

casas, depois de roubados, depois de profanada a honra de suas famílias", já que o governo imperial não lhes dava guarida.[30] O pronunciamento dele é contundente. Repete sobre os assassinatos, declara que quem os comete são do governo uruguaio e que o Brasil está sendo humilhado.

Lê até trechos de jornais do Rio Grande do Sul, como este:

> mais uma vez a maior potência sul-americana ultrajada, escarnecida, insultada e provocada mil vezes pelo governo oriental, por seus decretos, por sua imprensa, por seus ministros plenipotenciários, por suas hordas de assassinos, por seus alcaides; mais uma vez a primeira potência sul-americana foi humilde beijar a franja do sangrento chiripá do gaúcho oriental [...] infelizes 40 mil brasileiros que não tendes um governo que faça respeitar seus direitos [...] não contais com seu país, confiai em vós, só em vós.[31]

Lê enorme lista de brasileiros assassinados ou forçados a serem policiais no Uruguai. Faz um barulho danado. Cada vez mais deputados fazem apartes a seu favor ou aumentam os aplausos à sua fala. Ele termina seu discurso quase em ovação. Era outro o clima na Câmara dos Deputados. O caso dos brasileiros no Uruguai e as reclamações dos gaúchos chegaram ao parlamento nacional. O governo imperial vai preferir enfrentar os blancos em vez do mau humor do Rio Grande do Sul.

Dias Vieira, ministro dos Negócios Estrangeiros, logo depois da intervenção de Ferreira da Veiga, pediu a palavra. Ele lê um relato da legação brasileira em Montevidéu das atrocidades praticadas por Leandro Gomes, chefe militar em Paissandu, contra brasileiros, e declara que já oficiara ao ministério das Relações Exteriores do Uruguai.[32]

Nele retrata que o Brasil, em 1851, havia atuado no conflito do Uruguai e celebrado tratado naquela época. Em 1854, durante o governo Flores, esteve outra vez em tratativas ali. Nessa época, brasileiros sofreram danos também. Em 1857, o Brasil muda sua política para o Uruguai – decidira abster-se nos assuntos do país.[33]

É longa e detalhada a intervenção do ministro. Discursa que o governo imperial sabe dos acontecimentos, mas que a ênfase continuava na neutralidade. Sua participação vai direta, sem interrupção, da página 8 à 11 dos registros daquela sessão da Câmara. Do ponto de vista dele, era praticamente impossível ao governo uruguaio defender os brasileiros tendo uma guerra interna. Reclama que é

> preciso que esses brasileiros se convençam de que não é o melhor meio de obter a segurança e a tranquilidade que desejam envolvendo-se em lutas internas da República.

Após o ministro, na mesma sessão, o deputado gaúcho Neris (como consta nos Anais) faz longa explicação sobre as ações do Brasil no Uruguai em 1851, 1854 e 1857. É minha impressão que os que eram a favor de uma política mais forte com o Uruguai criaram uma estratégia na Câmara para pressionar o governo. Primeiro foi Ferreira da Veiga com uma oratória inflamada, agora era outro que tinha os dados históricos sobre as diferentes situações do Brasil naquele pedaço do mundo.

A tese do deputado é que naquela região o problema não era a pessoa no governo, era o sistema político. Não adiantava o Brasil dar apoio a esse ou aquele personagem – o sistema tinha que mudar. Queria dizer que o modelo político nos países do Prata, com lutas constantes, era um equívoco. Não falava que lá teria que ser monarquia, mas que o modelo que estava ali não funcionava. Não disse qual outro seria colocado no lugar.

Propõe medidas enérgicas para tentar contornar a situação, não como tinha sido feito até aquele momento. Conta, como outros fizeram, casos específicos de mortes e torturas, de como se deu, como se fez, da falta de punições.[34] Parece que contar os casos pessoais ajudava a incendiar mentes e corações no Congresso.

Argumenta que eram 50 mil brasileiros (ninguém nunca soube quantos eram, na verdade) morando no Uruguai, "uma fração da briosa província do Rio Grande do Sul". Ele diz que não ousa culpar os autores das ações contra os sulistas

> porque para mim o culpado principal, senão unicamente, é a política de abstenção, para não dizer inerte, dos gabinetes anteriores que tinham abandonado os desgraçados brasileiros residentes no Estado Oriental a todas essas violências, a todos esses vexames, a todas essas tiranias.[35]

O discurso, quase da mesma força de Ferreira da Veiga, é cheio de entusiasmo, contagia o ambiente, tem muitos aplausos. Ele diz que não é somente o Rio Grande do Sul que reclama, é "o Império inteiro que estremece ao saber como são tratados seus nacionais". Ele pede que o governo "marche desassombrado, firme e vigoroso, para obter o desagravo e a reparação de tantas ofensas". Mais aplausos.

Se comparada com a atuação parlamentar hoje, a daquele período, em assuntos externos (não só com o Uruguai, mostram os Anais), batia de longe a que ocorre em Brasília em tempos mais recentes.

Barros Pimentel pediu a palavra[36] e caminhou na mesma direção dos outros oradores. Enumera os fatos, conta casos, mostra a ineficiência da política imperial para a região. Conta em detalhes as ações do Brasil na área em que antes estiveram envolvidos Oribe, Rosas, Urquiza, Flores, Berro, colorados e blancos, e que, após tantas refregas e desgastes, o Brasil não resolvera nada. Aliás, ele acreditava que tinha piorado a posição do Brasil na região. Eram cutucões de todos os lados no governo brasileiro.

Não era uma situação fácil para o Império. Mesmo invadindo o Uruguai, como em 1851, ou na ação contra Juan Manuel de Rosas, não se teve apoios futuros ao Brasil na conflagrada e desconfiada área. A política na região e dentro dos países mudava rapidamente e acordos feitos antes não valiam depois. O Brasil, com o Império, com uma política mais estável, se sentia desconfortável com tantas mudanças de políticas e posições nos governos vizinhos.

O Senado também irá participar do debate sobre o que ocorria no Uruguai. Nos Anais do Senado de 1863 não constam sessões desse ano. Pequenos trechos de algumas poucas sessões aparecem nos Anais do ano seguinte. Foi em 1864 que o assunto ali esquentou.

Uma intervenção do senador Pimenta Bueno, em 11 de fevereiro de 1864, é quase na mesma direção das falas na Câmara, só que com a moderação própria daquela casa. Ele perguntava "qual a nossa posição quanto ao Estado Oriental", se o país estava pronto para medidas "ativas e sacrifícios [...] como estão nosso Exército e nossa Marinha?".[37]

O senador concorda que a neutralidade é uma boa política, mas que ela não pode ser "absoluta e imutável". Seria boa política enquanto não comprometesse "os direitos e os grandes interesses" do Brasil. A neutralidade teria que estar combinada com a garantia de vida e das propriedades dos brasileiros que residiam no Uruguai.

No dia seguinte, 12 de fevereiro de 1864, o deputado Cansansão de Sinimbu, reportando ao discurso de Pimenta Bueno, argui que os direitos dos brasileiros no Uruguai devem ser defendidos, mas que isso é complicado num país que estava em guerra civil. Ele pergunta:

> se o próprio governo oriental é cúmplice na falta, no procedimento injusto com nossos compatriotas? Se por má-fé não atende às reclamações do Brasil [...] nesse caso toda energia seria pouca aplicada em prol dos legítimos interesses de nossos compatriotas, na hipótese contrária, em meu conceito, seria imprudência recorrer a meios extremos que não poderão dar em resultado senão a guerra.[38]

Acredita que as relações do Brasil com o Paraguai são normais, "o que se fez durante o ministério de 30 de maio que pudesse perturbar o estado dessas relações? Por ventura não são os mesmos, senão melhores do que os que existiam antes de assumirmos o poder?".[39]

Percebe-se como o Brasil não tinha informações adequadas sobre o que ocorria no Paraguai, e também deu pouca importância à aproximação entre blancos e Solano Lopez. Sugerem os fatos que o governo brasileiro não tinha notado ainda que havia uma identidade de princípios ou até mesmo de sobrevivência política entre os dois interesses. O problema territorial entre o Brasil e o Paraguai se arrastava há muito tempo também e ainda a navegação atrapalhava o relacionamento entre os dois países. Além disso, um novo presidente assumira no país.

E quando se fala no Paraguai nos discursos, sejam dos parlamentares ou de gente do governo, na quase totalidade das vezes, era como se falasse de algo em outro planeta. Não era possível não dar atenção maior à preparação militar do país, com ferrovia para campos de treinamentos; do telégrafo idem; do estaleiro e da pequena fundição voltados para a melhoria da área militar. Ou não perceber a presença de técnicos, médicos e marinheiros ingleses trabalhando para o governo dali.

Não se encontra isso nos discursos dos parlamentares, diplomatas e homens do governo. Quando alguém falou algo foi naquela conjetura longínqua de um dia haver uma conflagração e que, ao longo do tempo, o Brasil acabaria vencedor. Mas não se lê nos discursos no parlamento que houvesse informações mais substanciosas sobre o que ocorria naquele país.

Também não se percebe uma atuação mais destacada da diplomacia brasileira nos momentos anteriores à guerra. A função da diplomacia, entre tantas outras, é observar atos e ações que possam trazer algum tipo de problema para o país do diplomata. Talvez um dos motivos dessa atuação tenha sido a constante troca de representantes brasileiros no Paraguai. Ninguém gostava de ir para aquele país.

Um deles, César Viana de Lima, chegou a Assunção no fim de agosto de 1864 (quando o Brasil já estava quase com um pé no Uruguai), não tinha condições de saber o que passava no país. O diplomata que o antecedeu abandonara o posto porque se sentia vigiado pelo governo local. Uma escusa estranha para alguém que tem a missão de zelar pelos interesses do seu país em outro, e justamente em um momento em que a situação estava escapando para lado perigoso.

Mesmo vigiado, dá para especular, com um pouco mais de observação; seria possível perceber que o país se preparava militarmente em várias frentes. O que encabula é o fato de ele não ter dado importância às ações e movimentações rumo a uma militarização, principalmente vindo de um representante diplomático. Encabula mais ainda porque o cônsul-geral do Brasil em Assunção, Amaro José Barbosa, vivia naquela cidade desde 1853. Com tanto tempo ali, com as ligações que deve ter construído, ele poderia ter informações adequadas para municiar a capital do Império. Ou, é também provável, como ocorrera em outros momentos, não se dava importância ao Paraguai.

Alguém falou no parlamento que para a Europa iam bons diplomatas. Ninguém de calibre superior queria ir para o confuso Uruguai e o não "civilizado" Paraguai. Não ligavam para o país, antes ele foi enfrentado e, com simples ameaças, recuou. Se houvesse problema, é a dedução, era só mandar a esquadra para amedrontar gente dali.

Parece acertado o ponto de vista de um deputado, Macedo (assim colocado nos Anais), que numa sessão de 7 de maio de 1866 (quase dois anos depois do início da guerra) falava que

> ouso dizer que a causa de tantos erros tem muitas vezes estado na escolha pouco acertada dos nossos diplomatas para o Rio da Prata. Os nossos homens mais notáveis na diplomacia preferem ir representar o Brasil na Europa [...] Temos tido no Rio da Prata diplomatas habilíssimos e eminentes, mas ou só por exceção ou porque pouco tempo lá conservam; no entanto é ali que se agitam nossas mais graves questões [...] estou convencido de que se o Brasil tivesse sempre no Rio da Prata diplomatas dessa ordem [de superior qualidade] não teríamos sido arrastados em 1864 a uma guerra imposta pelo dever de sustentar os brios nacionais [...] Porque desde os primeiros tempos e oportunamente o zelo e a energia dos nossos ministros teriam conseguido a solução das justas reclamações.[40]

Uma colocação que contraria argumentos anteriores de que se teria no Prata, onde estavam os maiores problemas da nação, os melhores diplomatas. Se alguns deles passaram por ali, como mostra o deputado, era de olho num posto na Europa. Sem os profissionais mais experientes e preparados e com a constante troca de agentes diplomáticos, não se fez um trabalho adequado de observação sobre os acontecimentos gerais da região do Prata, incluindo o que ocorria internamente no Paraguai. Dados como esses talvez sejam até mais importantes para serem especulados do que aquele de que a Inglaterra provocou a Guerra do Paraguai.

Voltando ao Senado. Em 14 de março de 1864, o ministro da Marinha falou ali sobre "a constante oscilação da política do Rio da Prata e a injustiça à que somos sempre avaliados naquelas regiões [...] temos necessidade de navios especiais para a Guerra do Rio da Prata, onde se acham guardadas todas as nossas dificuldades".[41]

Em 20 de março, volta Pimenta Bueno a usar a tribuna. Discursa que

> de muito tempo os rio-grandenses dizem: no Estado Oriental não se fuzila inglês nem francês, nem mesmo italiano, embora se achem colocados em circunstâncias idênticas aos brasileiros, mas fuzilam brasileiros; ora, se o Estado Oriental tem meios de impedir que os chefes de suas quadrilhas ou de suas forças fuzilem esses estrangeiros, por que não terá de impedir que se fuzilem brasileiros? Será por que esses outros estrangeiros são mais protegidos pelos seus governos do que nós pelo nosso?[42]

Um argumento duro e de tiro certeiro, principalmente quando argui que outros estrangeiros não estariam sofrendo as mesmas dificuldades que os brasileiros no Uruguai, e que isso talvez fosse pela proteção que se dava a eles. Acertou na mosca do desespero do momento.

A sessão do Senado de 5 de abril de 1864, sob a presidência do Visconde de Abaeté, instalada às 11 horas da manhã, discutiu, entre outros assuntos, o orçamento para a força naval para 1864-1865. Estava presente a ela, por convocação, o ministro da Marinha. O senador Silveira da Mota diz que não poderia discutir o orçamento para a Marinha sem saber quais os objetivos do governo, ali representado pelo ministro. Pergunta:

> para onde quer ir o senhor ministro que é rio-grandense? Que política é a sua? É a do gabinete até hoje? As colisões no Estado Oriental não têm agravado cada dia mais?[43]

Ele conta que o antecessor do ministro, quando indagado na Câmara sobre o problema no Rio Grande do Sul e do Estado Oriental, havia dito que "tinha os olhos voltados para o Rio da Prata" – [esses olhos voltados] não sei se fechados ou abertos, se serenos ou belicosos".

O senador acredita que a mudança de ministros alterou a política brasileira para aquela região, por isso quer detalhes maiores para saber como votar o orçamento para a força naval. Ele entende que, frente ao momento, o Brasil não teria só os olhos voltados para a região, mas também estaria de "braços, de pernas, de corpo e alma voltados para o Rio da Prata".[44] Ele, como quase todos que falavam no assunto, mostra os problemas dos brasileiros no Uruguai, das atrocidades sofridas por eles e ressalta que ninguém os garante.

Estabelece-se uma discussão dele com o presidente da sessão que quer cingir sua fala ao orçamento já posto para discutir. Ele contra-argumenta que não pode discutir números se não souber antes "qual é a força que quer? Para que quer? Quais os fins que o governo tem em vista? Qual sua política?".

O senador está encabulado: o antecessor do ministro pedira 3.500 praças para navios e corvetas, e o atual está pedindo somente três mil – "quer reduzir o número de navios armados?". Ele descreve a precariedade dos barcos brasileiros, citando um por um.

É perguntado ao ministro, "pretende entrar em guerra com navios de vela lá para o Estado Oriental?". Ele argumenta que três mil praças é até um exagero frente aos poucos e quase inabilitados barcos navais do país. Aqueles três mil praças seriam, como dizia o governo, para um caso ordinário de ações. Mas que "em caso extraordinário" que se tivesse dinheiro para cinco mil praças.

Silveira da Mota pergunta como dar esses cinco mil homens se não há navios em construção,

> Que navios têm o nobre ministro para colocar cinco mil homens em circunstâncias extraordinárias? [...] Há receio de Guerra com o Rio da Prata, é por isso que o nobre ministro quer cinco mil praças, porque se o nobre ministro não tem navios para cinco mil praças, vamos fazer uma lei sem aplicação.

Silveira da Mota continua explorando a situação ao perguntar "estaremos em vésperas de ter um conflito, de declararmos guerra ao Estado Oriental por causa de algum fato novo que houvesse?".[45] Ele não quer votar o orçamento enquanto o ministro não disser para que quer três mil praças em circunstâncias ordinárias e cinco mil em extraordinárias.

O que chama a atenção é que se estava em abril de 1864, e em maio daquele ano José Antonio Saraiva irá a Montevidéu levando dura reclamação do Brasil. O Senado não sabia ainda qual a política nova (se havia) do Brasil para com o Uruguai. Pedir soldados para circunstâncias ordinárias e extraordinárias era a sinalização de que algo diferente poderia acontecer.

Ir à aventura no Uruguai dividido, tendo ainda o apoio de Venancio Flores, era uma situação. Outra, diferente, se fosse olhado o Paraguai de

Solano Lopez. Aliás, até para ir ao Uruguai, mostra a discussão do orçamento no Senado, já era complicado. Numa conflagração maior, como ocorreu, o país teve que buscar meios no decorrer do conflito. Daí ter se tomado cinco anos para terminar uma guerra que desde o primeiro ano tinha um Paraguai na defensiva.

Mesmo sendo enfadonho, repete-se que impressiona como, antes do conflito, não se levava em conta aquele país. Mesmo nas correspondências dos representantes ingleses na área, que tinham arguta atenção diplomática, não se fala num suposto perigo vindo do Paraguai. Do lado do Brasil menos ainda.

Silveira da Mota continua a acutilar o ministro ao falar, mais uma vez, das dificuldades pelas quais passam os brasileiros no Uruguai. Pergunta, "quereis ocupar simplesmente com vossa Marinha, com as vossas tripulações, com o vosso Exército o território do Estado Oriental para pedir justiça às ofensas graves que eles nos têm feitos?". E ainda:

> Temos que chegar a uma guerra? O governo tem meios para isso? Não pretende expor ao corpo legislativo esta circunstância para lhe conceder os meios? Quer de inspiração própria dar o primeiro passo, de modo que o corpo legislativo não tenha remédio, senão para salvar a dignidade do país, acompanhar o governo até a sua ruína?

O senador diz que, se houver um entrevero maior, não se teria aliados no Prata. Nem "Mitre, nem Urquiza, nem mesmo o protegido" (no caso, Flores).

Silveira da Mota continuava a provocar o ministro da Marinha para falar se a circunstância no Prata era "extraordinária". Se fosse, o Legislativo teria "que saber que meios há de proporcionar ao governo para salvar a honra nacional". O ministro resolveu falar.

Discursou que Silveira da Mota comentara que sua entrada para o ministério seria uma mudança da política externa do Brasil para a Bacia do Prata. Ele nega:

> Não posso querer que seja o país impelido a intervir com mão armada nos negócios domésticos do Estado Oriental. Não sei como se possa suspeitar que se tenha firmado semelhante plano, que ele esteja em vias de execução e que calculadamente o tenhamos ocultado ao corpo legislativo.[46]

Diz ainda o ministro que brasileiros sofrem vexames no Uruguai, que deveriam ser respeitados seus direitos e que a voz do Brasil se faria ouvir, mas que havia espaço para se atingir esse objetivo sem "ingerirmos com mão armada nas questões internas do Estado Oriental". E que essa era a política do gabinete a que pertencia. Silveira da Mota respondeu "eu estimo muito esta declaração".[47]

A essa altura já se preparava uma forte demanda ao Uruguai. É de se supor que não se acreditava que disso pudesse acontecer o que aconteceu. Que a missão que lá iria, apoiada numa demonstração de força, poderia fazer recuar o governo uruguaio. Satisfeita a honra nacional se voltaria para casa com os louros da ação. Daí que talvez se continuasse a afirmar que a política externa para a região era a mesma.

O parlamento passa a discutir, em abril de 1864, quem deveria ser o enviado especial do Império para levar as demandas ao governo uruguaio. Será indicado um político, José Antonio Saraiva, e não um diplomata. Como secretário foi indicado outro político, o deputado por Alagoas, Aureliano Cândido Tavares Bastos. Tomada a decisão, escolhidos os enviados especiais, o assunto teve decisão rápida por parte do governo imperial. Em 20 de abril de 1864, o ministro dos Negócios Estrangeiros, Pedro Dias Vieira, escreveu suas instruções aos enviados a Montevidéu.[48]

Pedro Dias Vieira faz longa explanação escrita aos enviados. Num trecho escreve que o Brasil mantinha a tese de neutralidade nos assuntos internos dos países do Rio da Prata, mas que no caso do Uruguai estava entrando numa fase política que "procurasse despertar o seu governo do letargo em que parecia jazer e que tão gravemente ofendia e prejudicava direitos e legítimos interesses do Império". Explana sobre essa política de neutralidade, fala também dos problemas sofridos pelos brasileiros no país vizinho, das reclamações não atendidas, da luta entre blancos e colorados.

Escreve ainda que não quer colocar em risco a autonomia do Uruguai e que era indiferente quem governasse o país ou que fosse este ou aquele partido, mas que o momento impunha uma mudança na política de neutralidade do Brasil. Fala com todas as letras na representação do general Antonio de Souza Netto, acrescenta que está entregando também cópias da secretaria de Negócios Estrangeiros, ou seja, documentos oficiais, em que constam os problemas sofridos pelos brasileiros no Uruguai desde 1851. Argui que este será o "último apelo amigável" e exige soluções para as reclamações do governo nacional.

Disse ainda Dias Vieira, na exposição, em mandar força militar para desarmar os brasileiros na fronteira. E que

> o imperador resolveu mandar colocar nas mesmas fronteiras uma força suficiente para proteger e defender a vida, a honra e a propriedade dos súditos do Império [... e ainda que] parte, nessa ocasião, para a província de São Pedro do Rio Grande do Sul o novo presidente nomeado.

O governo imperial temia algum tipo de levante naquela província devido ao caso do Uruguai. A província já havia feito isso antes e, frente a uma situação delicada, era melhor prevenir de que ocorresse outra vez. Está claro que a missão ao Uruguai tinha por base as duras e seguidas reclamações de gente daquela província.

Já se disse mais de uma vez que o governo no Rio de Janeiro, mudando sua política de neutralidade, assim o fez porque talvez fosse mais cômodo enfrentar o complicado governo blanco do que os gaúchos no Brasil. O Uruguai estava desunido e em luta civil, ficaria ainda mais fácil para o Brasil essa empreitada. Foi um passo calculado por um lado e não foi feita a mesma avaliação por outro: tratava-se do Paraguai de Solano Lopez.

Na sessão no Senado de 4 de junho de 1864, José Maria da Silva Paranhos discursa que estaria mudando a política externa com relação ao Uruguai. Era antes de abstenção, já não seria mais. Ele lê longo documento que fora enviado pelo governo ao representante diplomático em Buenos Aires. Ele está na íntegra a seguir e na linguagem da época. É importante porque é o documento que traduz a mudança da política externa do Brasil para a região do Prata. Uma mudança, forçada pelo caso do Rio Grande do Sul, que levará o Brasil à guerra futura.

Rio de Janeiro, em 21 de abril de 1863

No despacho que dirigi a V. S., com data de 7 do corrente, acompanhado de copia do que na mesma data passei à legação imperial em Montevidéu, anunciei-lhe a resolução, que tomara o governo de Sua Majestade o Imperador, de alterar a sua politica naquela republica.

Completando a informação que o referido despacho teve por objecto prestar a V. S., afim de habilitá-lo a dar as convenientes explicações ao governo da Confederação, se por ventura lh'as pedisse, devo agora comunicar a V. S. que o governo imperial, considerando a natureza e a importância do assumpto, julgou conveniente enviar uma missão especial a Montevidéo, para entender-se com o governo da republica sobre a alludida alteração de politica, que as circunstâncias exigem façamos em nossas relações com o mesmo governo.

[...]

O objecto da missão, como V. S. já sabe, é conseguir, por meios amigáveis, do governo oriental, a solução satisfactória de algumas reclamações justíssimas que perante elle temos pendentes, e a adopção de providencias e de medidas que efficazmente projetão (deve ser protejam) e garantão a vida, a honra e a propriedade dos brasileiros ali residentes.

O governo imperial nada mais pretende, permanecendo firme no proposito de guardar a mais perfeita neutralidade e abstenção nas questões e lutas internas da republica.

Resolveu tambem o governo imperial, como V. S. terá visto pelo já mencionado despacho de 7 do corrente, reforçar as nossas fronteiras na provincia de S. Pedro do Rio-Grande do Sul, não só para fazer respeitar o territorio do imperio, como impedir melhor a passagem de contingentes para o general Flores: servindo ao mesmo tempo essa força para proteger e garantir os interesses brasileiros, se, contra o que é de esperar, não quizer ou não puder fazê-lo por si o governo da republica.

Cumpre-me igualmente prevenir a V. S. de que o governo imperial deliberou substituir alguns dos navios de que se compõe a nossa estação no Rio da Prata, mas não augmentar o numero delles, como aliás se tem propalado na imprensa desta côrte, autorisando juizos infundados sobre as intenções do mesmo governo.

Em resumo e com franqueza, o pensamento do governo de Sua Majestade é fazer um ultimo appello amigavel ao governo do Estado Oriental, para conseguir a solução satisfactoria de nossas justas reclamações, e as providencias indispensaveis para que não sejão illudidas e frustradas a protecção e as garantias que as proprias leis da republica afianção aos seus habitantes;sendo que, embora com pezar, ver-se-ha o governo imperial forçado a usar dos seus proprios recursos, se por ventura continuarem a serem ineficazes os da republica para a segurança da vida, honra e propriedade dos brasileiros que nella residem.

O documento está datado de 21 de abril de 1863. Pelo que o documento comenta, pela sequência da intervenção de Paranhos naquela sessão, pelas intervenções do ministro dos Negócios Estrangeiros, tendo a aceitar que a data não pode ser 21 de abril de 1863 e sim 21 de abril de 1864.

O discurso de Paranhos no Senado foi em junho de 1864, a missão de Antonio Saraiva, que devia dar um ultimato ao governo blanco, já estava lá desde maio de 1864. O documento fala em mudança de política e do ultimato. Não parece que fora de um ano antes. As grandes reclamações do Rio Grande do Sul serão mais fortes em 1864; também os debates na Câmara e no Senado; a ida ao Rio de Janeiro do general Netto idem; a forte atuação da imprensa nacional também foi em 1864. Daí a desconfiança de que aquela data esteja equivocada.

Em síntese, Paranhos diz que o governo imperial resolveu alterar sua política para o Uruguai e que isso se dava "quanto aos fins e aos meios". Que o objetivo geral da política do Brasil ali fora de manutenção e independência do Uruguai, proteção aos brasileiros lá residentes, navegação, comércio e boa vizinhança. Quanto aos meios, antes, eram "moderados e benevolentes" e que medidas coercitivas só seriam tomadas em casos extremos.[49]

Deve-se dar ênfase a um trecho do documento levado por Paranhos, que diz:

> [...] embora com pesar o governo imperial se verá forçado a usar dos seus próprios recursos se por ventura continuarem ineficazes os da República para a segurança da vida, da honra e propriedades dos brasileiros que nela residem.

Usou-se antes em trechos do documento palavras suaves para terminar com uma colocação que dizia que, não satisfeitas as demandas, o governo imperial usaria de seus recursos para resolver o assunto.

A alteração, volto à fala de Paranhos, é porque o governo

> entendeu conveniente apresentar um ultimato ao governo de Montevidéu, com relação às violências e esbulhos de que têm sido vítimas os súditos brasileiros residentes na campanha daquele estado, com cominação de recursos à força, se esse ultimato não for satisfeito.

Ultimato e recurso à força não havia em abril de 1863, de acordo com o documento lido por Paranhos naquela sessão. Há uma preocupação dele sobre "reforçar a esquadra ou apenas substituir alguns navios por outros". Mas que a missão em Montevidéu estava "acompanhada de força naval e de força terrestre, que deve estar a essa hora colocada em nossa fronteira, com ordem de penetrar em território Oriental".[50] Outra vez, percebe-se que não há nada disso em abril de 1863 ou mesmo em junho daquele ano.

Paranhos fala dos problemas dos brasileiros no Uruguai, e que é dever do governo protegê-los. É uma voz ponderada, mas incisiva na cobrança de atos e ações do governo. Ele argui ainda que "não se pode deixar de lançar as vistas para a margem direita do rio da Prata e contemplar também o estado de nossas relações com a República argentina". Historia o que houve antes, conta o caso de Urquiza e Rosas, empréstimos que foram feitos, mas que naquele momento havia uma "boa amizade entre o governo do Império e o da República Argentina".[51]

Mas, outra vez, mesmo uma figura do porte de Silva Paranhos, homem bem informado sobre nossas relações externas (o discurso dele na sessão de 4 de junho de 1864 é uma aula), não disse nada do que ocorria no Paraguai. Era um país não levado em conta nos assuntos regionais. Não se ligava muito para suas reclamações sobre invasão de brasileiros em seu território.

Mais uma vez: ninguém perceber as alterações na defesa militar do país com recrutamentos para campos militares diferentes? Com a presença de técnicos estrangeiros ajudando o país? Não dar importância às missões dos blancos em Assunção? Juan José de Herrera foi o primeiro representante, logo foi ser ministro das Relações Exteriores do seu país e substituído por Octavio Lapido, também do grupo radical dos blancos. Herrera passar a ser ministro não seria uma sinalização? Se não se sabia de toda conversa íntima, talvez fosse útil ler os sinais diplomáticos de que algo mais estivesse acontecendo entre os interesses das duas pequenas repúblicas do Prata.

O documento apresentado por Silva Paranhos, em que o governo imperial dizia que iria pedir satisfações "amigáveis" ao governo blanco, mostrava também que mandaria tropa para a fronteira do Rio Grande do Sul para impedir a saída de brasileiros para combater no Uruguai e também a entrada de gente do país vizinho.

Os fatos sugerem que a tropa tinha a intenção, junto com a troca do novo presidente da província, de se precaver contra qualquer ação mais drástica por parte daquela província que, no passado, já se rebelara contra a Coroa. Repete-se que a preocupação com o Rio Grande talvez fosse maior do que com o que acontecia com os brasileiros no Uruguai. Foi para satisfazer as demandas e constantes reclamações vindas do sul que o Brasil resolveu dar um ultimato ao Uruguai.

Tocar nisso mais de uma vez serve para chamar a atenção para este importante fato anterior à guerra. Um fato que levou o Brasil ao Uruguai, acontecimento que provocará a reação de Solano Lopez. Um fato que põe os imbróglios regionais como base para o conflito que viria, e que ajuda a colocar em posição frágil o argumento de que uma potência de fora provocou a guerra para impedir o Paraguai de espalhar o seu modelo de desenvolvimento autônomo para países da área.

A Assembleia Legislativa da Província de São Pedro do Rio Grande do Sul também teve atuação destacada para que o governo imperial se manifestasse de maneira mais incisiva sobre os problemas dos gaúchos com o Estado Oriental.

Na Memória Legislativa da Assembleia Legislativa do Rio Grande do Sul consta um resumo da ata de cada sessão, mas não constam os debates, como os da Câmara Federal e do Senado. Os resumos dos debates eram também reproduzidos, algumas vezes até com mais detalhes, no jornal *O Mercantil,* que inclusive se encontra nos arquivos daquela Assembleia Legislativa.

Na sessão de 7 de abril de 1863, os deputados se mostram indignados com o governo uruguaio, reclamando "contra ato do Estado Oriental que exige certidão de batismo a fim de serem entregues aos seus senhores os escravos fugidos para aquele país".[52] Há uma repúdia dos deputados com a atitude do governo blanco. Fatos que vão se acumulando e aumentam o descontentamento entre os dois interesses.

Em 12 de março de 1864 aquela Assembleia Legislativa[53] aprovou requerimento para que

> se nomeie uma comissão para redigir uma representação ao governo imperial solicitando providências para que as vidas e propriedades dos brasileiros residentes na República Oriental do Uruguai sejam garantidas, pondo-as ao abrigo de quaisquer violências.

Também a sessão de 31 de março de 1864 trata do mesmo assunto, pedindo providências ao governo no Rio de Janeiro sobre os problemas dos

Antonio de Sousa Netto

gaúchos no Uruguai.[54] Mais pressão no governo imperial e de uma província que provocara a Revolução Farroupilha entre 1835 e 1845. Uma revolução que queria a independência ou a criação de uma república no Rio Grande do Sul.

Na sessão de 9 de abril de 1864, a Assembleia Legislativa aprova requerimento que solicitava informações ao presidente da província. Queriam os deputados que os comandos militares da fronteira dessem informações sobre "as violências que os brasileiros residentes no Estado Oriental têm sofrido daquele governo".[55] Na sessão de 13 de abril de 1864 reportam que receberam as reclamações pedidas antes e que "as mesmas têm sido levadas ao conhecimento do governo imperial".[56]

É preciso dizer que o general Antonio de Souza Netto (ele fora um dos nomes principais da Revolução Farroupilha) foi ao Rio de Janeiro em março de 1864 com reclamações dos sulistas. Sua presença na capital federal provocou acesos debates na Câmara (principalmente o do dia 5 de abril) e no Senado. Houve até ministro dizendo que sua presença ali não alteraria o rumo da política imperial para o Prata.

A Assembleia Legislativa do Rio Grande produziu um relatório no mês de abril que foi mandado ao governo imperial. Não parece que seja o mesmo documento: um em abril e o outro já estava no Rio em março com a ida do general Netto à capital. É de se supor que os deputados mandaram também o seu documento. O que era mais um tipo de pressão no governo do Brasil.

Em 2 de maio de 1864 é aprovado naquela Assembleia Legislativa um requerimento[57] para manifestar a satisfação dos deputados pela "maneira digna e enérgica" com que o governo atuava para garantir os interesses dos brasileiros com problemas no Uruguai.

O governo imperial já resolvera mandar um ultimato ao governo uruguaio. A Assembleia Legislativa do Rio Grande do Sul pressionou, junto com jornais, deputados e senadores daquela província, para que o governo do Imperador se manifestasse de maneira mais dura com os blancos.

O jornal *O Mercantil* preenche algumas lacunas não trazidas nas atas das sessões. No dia 17 de março de 1864, como exemplo, ele reproduz o debate da sessão de 12 de março daquele ano.[58] O deputado Miguel Meireles pedia que o governo imperial tomasse providências imediatas para que

> as vidas e propriedades dos brasileiros estejam a melhor abrigo do assalto de qualquer horda selvagem [...] e que o governo geral procure acordar das tristíssimas lutas e carnificinas daquele país, pois os nossos cidadãos se acham envolvidos em questões na República do Uruguai.

Na sessão de 31 de março de 1864, que saiu no jornal *O Mercantil* de 9 de abril do mesmo ano,[59] a Assembleia Legislativa requer maior esforço do governo imperial para o que ocorre no Uruguai. Alegava que até aquela data nada surtira efeito para que "os súditos do império tenham naquela parte da América as garantias que todos naturais de um país amigo podem e devem esperar".

O deputado Silvestre conta casos sobre o que está acontecendo no Uruguai com os gaúchos. Sua fala é de indignação e diz que o Rio de Janeiro tem que decidir.[60] Ele recorda o tratado de 1851 que dava garantia aos direitos dos gaúchos no Uruguai e que nada fora cumprido. Reclama o deputado gaúcho que, apesar dos pedidos, o governo imperial não dava respostas satisfatórias e que o seu comportamento sobre as reclamações do sul "tem sido contraditório".

Os deputados continuam a atacar o Uruguai com palavras como "canibalismo contra os súditos brasileiros". Pedem punição dura "aos canibais atrozes", pois os brasileiros no Uruguai "são vítimas de latrocínios e assassinatos e tiveram que empunhar armas em sua própria defesa".

Impressiona a similitude da linguagem dos membros daquela Assembleia, do parlamento nacional e da mídia do Rio Grande. Há momentos em que as frases e palavras são quase uma repetição do que ocorria no parlamento nacional. Reclama-se com dureza sobre o que ocorre com os brasileiros no Uruguai e que o governo imperial deve tomar as providências. Percebe-se nas falas no Rio Grande, como no caso nacional, também certo desprezo ou desdém para com o país vizinho e seus sacolejos políticos. Como se o Brasil, com a estabilidade do Império, estivesse à frente deles.

Na sessão de 2 de maio de 1864, que saiu no jornal *O Mercantil* de 4 de maio do mesmo ano,[61] prestou juramento na Assembleia Legislativa, como novo presidente da província, João Marcelino de Souza Gonzaga. Era o governo imperial se precavendo com o Rio Grande. Mandou um novo dirigente e também soldados com a alegação de que era para impedir a ida de gente do sul para servir com as forças do general Flores.

O Rio Grande do Sul teve papel destacado no que viria a ocorrer. Os fatos indicam que o governo do Brasil acreditava que seria mais fácil lidar com um país dividido, com um grupo no poder e outro no campo em armas contra ele, do que afrontar os gaúchos.

Essa pressão é talvez mais determinante para a guerra do que tantas teorias sobre complô internacional. Ou de que agentes de fora atiçaram países da região para destruir o perigoso crescimento econômico do Paraguai. A atuação dos militares do Rio Grande do Sul, dos parlamentares estaduais e federais, dos jornais locais teve peso na decisão do governo brasileiro em ir à aventura no Uruguai.

A imprensa nacional, principalmente a da província gaúcha, ajudará a empurrar ainda mais o Brasil para dentro do caldeirão que já fervia. Ela era, desde o início, mais incisiva sobre aquele assunto. No Congresso aquele tema foi se apimentando ao longo do tempo, na imprensa ele já nasce quase pegando fogo.

O jornal *O Espectador da América do Sul* de 1º de outubro de 1863 dizia:

> os nossos compatriotas da campanha não ocultam suas simpatias pela causa de Flores [...] esse procedimento é fundado na esperança de que o governo Flores atenda às reclamações pendentes e, além disso, afiance a segurança da vida e bens brasileiros. O general Flores não há de ser melhor a esse respeito do que os outros presidentes [...] não há que apelar senão para o nosso próprio governo e, em último caso, para nós mesmos, nós rio-grandenses que, chegada à última necessidade, saberemos fazer com que nos respeitem.[62]

Em 26 de novembro de 1863, o mesmo *O Espectador da América do Sul* escrevia:

> as forças do governo da República devastam as propriedades brasileiras da campanha oriental, paga o justo pelo pecador e a devastação atinge proporções tais que, quanto a mim, se torna inevitável um conflito do Império com a República ou com a província do Rio Grande. Fundamento essa asser-

ção com cartas de nossos compatriotas de nossa fronteira, escritas em tom desesperado. Os nossos compatriotas dizem que antes querem sucumbir com as armas na mão do que viver na miséria e que se a nacionalidade não lhes serve para serem respeitados no exterior para mais nada lhes presta.[63]

É preciso dar ênfase ao "se torna inevitável um conflito do Império com a República ou com a província do Rio Grande". Ou atendia-se às reivindicações que vinham do Rio Grande do Sul ou havia a ameaça de um confronto com o Império. Foi em novembro daquele ano que autoridades gaúchas mandaram uma representação escrita para o Rio de Janeiro. Não receberam satisfações. No outro ano, em março de 1864, o general Netto foi ao Rio querendo uma solução para os problemas que o Rio Grande reclamava.

Em 6 de janeiro de 1864, o *Correio Mercantil* se expressava nos seguintes termos:

> ou a intervenção franca, pronta, com autoridade para se fazer ouvir já enquanto for preciso a nossa tutela ou abstenção completa e observação dos fatos, com a arma sempre no ombro para nos respeitarem. Quando se tem um mau vizinho, obriga-se a assinar um termo de bem viver.[64]

Em 24 de fevereiro de 1864, *O Espectador da América do Sul*, jornal que mais escreveu sobre a questão platina, publicava que

> como um só homem devem levantar-se os brasileiros estabelecidos no estado vizinho, em legítima defesa dos seus direitos e que já infelizmente não podem esperar proteção e auxílio do governo, devem apelar para seu próprio valor, para sua força e prestando apoio ao elemento Colorado, rasgar em mil pedaços o xiripá sangrento dos ferozes blanquillos.[65]

Nas edições de 17 e 24 de março de 1864, o jornal noticia a presença no Rio de Janeiro do general Netto, enviado do sul com as reivindicações da província do Rio Grande.[66] Dá ampla cobertura às reivindicações do general. Fala em sua firmeza e prestígio no Rio Grande e que o governo imperial deveria prestar atenção ao que ele dizia e levava lá do sul.

Em 7 de abril de 1864, *O Espectador da América do Sul* publicou que "tiraram à questão a mesquinha aparência de negócio de partido e elevaram-na à nobre categoria de causa nacional. Nesse ponto há, pois, unanimidade nacional".[67]

A pressão vinda do sul do país foi fundamental para a decisão brasileira em dar um ultimato ao Uruguai. Houve uma mudança na política externa do Brasil. Ela era de neutralidade nos assuntos da Bacia do Prata e, ainda em 1864, se via gente do governo a defendendo. De uma hora para outra, o governo imperial resolveu alterar sua atuação diplomática no Uruguai. Atitude que trará consequências amargas para o país.

Onde entra a Inglaterra como mentora da guerra que viria nos debates do Congresso brasileiro? Ou na imprensa nacional? Será que todos naquele momento brasileiro eram ingênuos e foram manipulados por uma potência estrangeira?

Se fossem, outras potências da época não teriam percebido os inocentes regionais serem empurrados para uma guerra e talvez, na defesa dos interesses deles, alertado para o que estava acontecendo? Ou todos aqueles países da Europa, sob suposta coordenação da Inglaterra, num improvável complô, trabalharam juntos no envolvimento de quatro países sul-americanos rumo a uma guerra?

O que encabula não é a criação dessa hipótese, é como ela foi aceita por tanto tempo por uma maioria de latino-americanos. O imaginário popular regional a aceitou e nem discutiu se aquele ponto de vista era ou não correto. É esse comportamento regional que encabula e, ao mesmo tempo, encanta e fascina.

NOTAS

[1] ANAIS DA CÂMARA DOS DEPUTADOS. Brasília, 15/6/1860, p. 8.
[2] Idem.
[3] ANAIS DA CÂMARA DOS DEPUTADOS. Brasília, 26/7/1860, p. 10.
[4] Idem.
[5] Idem.
[6] Idem, pp. 11-2.
[7] Falava das lutas entre a capital e as províncias do interior que, entre 1851-1861, tiveram três confrontos diretos. Um em 1851, outro em 1859 e o último em Pavón, em 1861.
[8] ANAIS DA CÂMARA DOS DEPUTADOS. Brasília, 26/7/1860, pp. 11-2.
[9] Idem.
[10] Idem.
[11] ANAIS DA CÂMARA DOS DEPUTADOS. Brasília, 12/7/1861, p. 13.
[12] Idem.
[13] Idem, pp. 13-4.
[14] Idem.
[15] Idem.

[16] Anais da Câmara dos Deputados. Brasília, 15/7/1861, p. 4. (Esta sessão, nos Anais, tem 17 páginas.)
[17] Idem.
[18] Idem.
[19] Idem.
[20] Anais da Câmara dos Deputados. Brasília, 8/7/1862, pp. 6-7.
[21] Idem, p. 11.
[22] Idem, p. 12.
[23] Idem, p. 14.
[24] Anais da Câmara dos Deputados. Brasília, 9/7/1862, p. 10.
[25] Idem.
[26] Idem, pp. 16-7.
[27] Anais da Câmara dos Deputados. Brasília, 15/3/1864, p. 7. Algumas vezes nos Anais aparece somente o nome do deputado, como Nemias, Macedo ou Neris.
[28] Anais da Câmara dos Deputados. Brasília, 5/4/1864, p. 5.
[29] Idem, p. 6.
[30] Idem.
[31] Idem, pp. 6-7.
[32] Idem, p. 8.
[33] Idem, p. 9.
[34] Idem, pp.12-5.
[35] Idem, p. 15.
[36] Idem, p. 16.
[37] Anais do Senado. Brasília, 11/2/1864, p. 26.
[38] Anais do Senado. Brasília, 12/2/1864, p. 42.
[39] Idem.
[40] Hélio Lobo, *Antes da guerra: a missão Saraiva ou os preliminares do conflicto com o Paraguay*. Rio de Janeiro, Imprensa Inglesa, 1914, p. 39.
[41] Idem, pp. 30-1.
[42] Idem, p. 51.
[43] Anais do Senado. Brasília, 5/4/1864, p. 23.
[44] Idem.
[45] Idem, pp. 24-6.
[46] Idem, p. 28.
[47] Idem.
[48] Hélio Lobo, op. cit., pp. 70-4.
[49] Anais do Senado. Brasília, 4/6/1864, p. 33.
[50] Idem.
[51] Idem, p. 34.
[52] Memorial do Legislativo do Rio Grande do Sul, ata da sessão de 7/4/1863, em *O Mercantil*, Porto Alegre, 28 abr. 1863.
[53] Idem, ata da sessão de 12/3/1864.
[54] Idem, ata da sessão de 31/3/1864.
[55] Idem, ata da sessão de 9/4/1864.
[56] Idem, ata da sessão de 13/4/1864.
[57] Idem, ata da sessão de 2/5/1864.
[58] *O Mercantil*, Porto Alegre, 17 mar. 1864.
[59] Idem, 9 abr. de 1864.
[60] Idem.
[61] Idem, 4 maio 1864.
[62] Hélio Lobo, op. cit., p. 57.
[63] Idem, p. 58.
[64] Idem, p. 56.
[65] Hélio Lobo, op. cit., p. 58.
[66] Idem, p. 59.
[67] Idem.

A busca pela paz
e o ultimato ao Uruguai

O embaixador brasileiro no Uruguai, João Alves Loureiro, em ofícios encaminhados ao ministro dos Negócios Estrangeiros, João Pedro Dias Vieira, mostra como estava o ambiente político em Montevidéu. Antes da chegada do enviado brasileiro ao país, José Antonio Saraiva, criou-se um clima adverso ao Brasil: jornais do Uruguai falavam da presença de brasileiros no país ajudando a Venancio Flores, segundo escreveu, em 1º de março de 1864, João Loureiro.[1]

> Citam fatos e nomes próprios, fala-se em carregamentos de vestuários e alimentos mandados de Jaguarão aos invasores. Aludem a munições e apetrechos de guerra também expedidos do território brasileiro.

Escreviam ainda que Flores tinha uma divisão militar de brasileiros. Loureiro junta cópias dos jornais, com matérias com títulos "Tome nota el señor ministro brasileño" ou "La política brasileña". Todas contra a nova política do Brasil para a região e sobre a presença de gaúchos nas fileiras de Venancio Flores.

Em 14 de abril de 1864[2] escreveu que informou o governo uruguaio que o governo imperial "estava disposto a reforçar a nossa fronteira afim de impedir a invasão do território brasileiro, vedando ao mesmo tempo a passagem de grupos armados para a banda Oriental".

Juan José de Herrera, ministro do Exterior do Uruguai, até concordava com aquilo, mas dizia que isso deveria ser feito "com a maior discrição pelo alcance e pelo efeito moral que tal medida pode produzir".

Herrera reclama também do Brasil pelo tratamento que seu país recebe sobre a questão dos brasileiros no Uruguai. Argumentava que a situação interna era grave e que não existiam condições para protegê-los e que havia muitos brasileiros no grupo de Flores. Havia até "brasileiros empregados no cargo de coletores e recebendo em nome e benefício do chefe da invasão".

Loureiro protesta contra o tratamento que recebem os brasileiros no Uruguai. A resposta de Herrera surpreende. Diz que sempre defendeu que seria boa política Oriental "neutralizar a velha malquerença de raça e a granjear a afeição do elemento brasileiro que tão importante é na população do estado". Fatos indicam que havia uma tendência à discriminação contra brasileiros no Prata. A população nacional com presença marcante de afrodescendentes era olhada de forma enviesada por parte dos habitantes de países da região.

Disse Herrera ainda a Loureiro que tinha chegado a informação de que o general Netto voltara do Rio de Janeiro para o Rio Grande do Sul e que teria "uma entrevista com o general Flores para inteirá-lo do resultado da missão que o levara ao Rio de Janeiro". Loureiro negou com veemência que Antonio de Souza Netto faria isso.

O general Netto era a força maior dos habitantes do Rio Grande do Sul em cutucar o governo do Brasil para resolver a situação dos brasileiros no Uruguai. Os uruguaios temiam que houvesse uma maquinação do governo do país vizinho em permitir que os gaúchos fizessem parte das forças de Flores. Uma forma indireta de tirar os blancos do poder.

Loureiro, na mesma correspondência, descreve as matérias de jornais do país que reproduziram os debates no Congresso Nacional sobre os brasileiros no Uruguai. Cita, por exemplo, o jornal *Reforma Política*. A pressão do Rio Grande do Sul forçara o Congresso a aprofundar o debate sobre o assunto. As palavras ali, próprias do parlamento, eram reproduzidas em jornais do Uruguai.

Não esquecer que os jornais uruguaios estavam ao lado de quem estava no governo, os blancos. Não havia imprensa livre naquele momento, não havia jornais de uma suposta oposição a quem estava no poder para colocar outros pontos de vista. Ou, mais complicado ainda, defender os interesses colorados. Uma imprensa, municiada pelos abertos debates do Congresso brasileiro, criou um clima local contra o Brasil. O Congresso ajudou a azedar as relações entre os dois governos do momento.

Poucos dias depois, em 25 de abril, a correspondência de Loureiro mandada para o Rio mostra como se estava criando um clima de descontentamento contra a nova política imperial para o Uruguai.[3] Escreve da recepção no Uruguai dos debates no Congresso brasileiro sobre os gaúchos no país. Refere-se especificamente aos discursos de Ferreira da Veiga e do deputado pelo Rio Grande do Sul que, na sequência dele, também falou naquela sessão de 5 de abril de 1864. Foram as duas intervenções mais fortes sobre o assunto. Um alvoroço no país vizinho. O Congresso ajudava a pôr mais fogo no paiol regional.

O governo uruguaio estava preocupado com a nova postura do governo brasileiro, principalmente com o envio de tropas para o sul, porque o governo uruguaio "se vê a braços com uma rebelião armada que ocupa grande parte do território". E teme que a atual rebelião seja auxiliada pelos próprios brasileiros residentes no interior do país, pois aquilo até parecia uma armação ou pretexto "para a intervenção armada que o Brasil projeta efetuar no Estado Oriental".

Loureiro transmitiu também para o Rio de Janeiro a conversa de rua, aquela do povo. Diz que não eram manifestações exaltadas "mas antes com risos de receio pelo que não se conhece ao certo e do medo das complicações e perigos da atual atitude que do governo imperial pode vir a resultar para esta República". Diz ainda que até membros do Partido Colorado acreditavam que a política brasileira tinha a intenção de "favorecer a causa da invasão".

O embaixador cita os jornais *El Comercio* e *El País* com matérias duras sobre a nova política ou atitude do Brasil no Uruguai. Os jornais sempre se reportam aos debates no Congresso. Reproduzem as palavras usadas ali.

Escreveu o jornal *El País* que o que se ouvira na Câmara dos Deputados é que chegara "o momento de pôr em campo a política do Império para com esta República, política essa que em sua essência é sempre a mesma, embora mude periodicamente de formas".

Acreditava o jornal que já havia um "tratado secreto" entre o Brasil e a Argentina contra o Uruguai. Publicou que Flores é "auxiliado com homens e com armas daqueles dois países, como é público e notório a todos". Contra "essa intervenção armada" o Uruguai deveria se acautelar. Loureiro achava que os blancos poderiam pedir "apoio e proteção das potências estrangeiras representadas em Montevidéu". E foi o que realmente fez mais tarde quando o barco do governo blanco já estava adernando.

Loureiro continuou a municiar o Rio de Janeiro de informações sobre o que ocorria em Montevidéu, principalmente as iradas matérias dos jornais locais. Ele as anexas ao seu despacho.[4]

O clima não era nada bom para o Brasil quando, no dia 6 de maio de 1864, chegava a Montevidéu o enviado extraordinário e ministro plenipotenciário do Imperador, conselheiro José Antonio Saraiva. Ele pertencia ao conselho do Imperador, e foi mandado como um político para tentar mediar a situação.

José Antonio Saraiva

No dia 15 de maio, José Antonio Saraiva entrega suas credenciais ao governo uruguaio, sendo bem recebido, como todo o ministério presente. Em sua fala, mesmo sendo cortês, ele diz que "sejam garantidos os direitos e os interesses legítimos dos meus concidadãos domiciliados no interior da República".

A resposta do presidente uruguaio foi mais cortês ainda. Não tocou em nenhum tema melindroso. Falou em manter boas relações com o Império e que os dois governos deviam trabalhar juntos para que os interesses de ambos fossem garantidos.[5]

Saraiva, que estava em Montevidéu desde 6 de maio observando a cena política do país, envia correspondência para o Rio de Janeiro em 14 de maio de 1864.[6] Comenta que "para nós, os blancos equivalem aos colorados e os nossos concidadãos haverão de sofrer sempre, e muito, do espírito vertiginoso e anárquico de ambos os partidos". Desde a primeira correspondência se preocupa em buscar a paz no Uruguai e para isso teria que acabar com a guerra civil. Diz ele:

> A prorrogação da guerra civil há de obrigar-nos, mais cedo ou mais tarde, a intervir para dar a paz a este país. Não seria mais generoso apressar desde já este acontecimento? [...] a paz desta República não é um interesse simplesmente Oriental: é um interesse brasileiro e dos mais graves.

Mais à frente escreve que

> Vossa Excelência encontrará nos jornais desta cidade referência a um plano secreto entre o governo Mitre, Flores e Netto para revolucionar o Rio Grande do Sul. No meu conceito não passa semelhante lembrança de um ardil com o fim de separar-nos até dos brasileiros e aproximar-nos, em nome da ordem e dos interesses do Império, do atual governo de Montevidéu.

O ministro fala, como em outras correspondências do período, na forte pressão da imprensa uruguaia e no quanto foi dura nos comentários sobre todo aquele assunto. Não seria exagero dizer que ajudou o lado mais radical do Partido Blanco a derrotar internamente aqueles poucos, como Andrés Lamas, que tentavam algum caminho de paz.

Estava-se numa cruel guerra civil, não havia imprensa alternativa, não havia outro órgão que escrevesse em direção diferente do que queria a maioria dos blancos. E a maioria obviamente queria a derrota de Flores. Se ele fosse vencedor, na maneira que era a política da época, em que o lado ganhador procurava destruir política e materialmente o adversário, a situação ficaria complicada para eles. Além do receio de uma vingança maior pelo acontecido em Quinteros. Uma imprensa batendo nessa direção constantemente acaba ajudando na radicalização dos ânimos naquele país.

Como no Brasil se publicava tudo que ocorria, incluindo os debates no Congresso, onde se pedia medidas duras contra o governo blanco, era fácil incendiar mentes em Montevidéu. Uma suposta união de Mitre, Flores e os gaúchos comandados pelo general Netto seria um prato indigesto para os blancos.

Saraiva descreve sua conversa com o ministro do Exterior do Uruguai, Juan José de Herrera, para o ministro dos Negócios Estrangeiros, João Pedro Vieira.[7] Escreveu que, na entrevista, o representante brasileiro em Montevidéu, João Loureiro, informou que estariam na fronteira do Rio Grande do Sul

> duas divisões do Exército no intuito não só de fazer respeitar o território do Império e melhor impedir a passagem de contingente daquela província para este Estado como para proteger e defender a vida e propriedades dos súditos do Império.

Herrera, continua Saraiva, "já suspeitoso com a notícia derramada pelas gazetas, da vinda de um esquadrão, enxergou nessa comunicação uma ameaça". Dizia que o Brasil resolvera invadir o Uruguai, "pois não compreendia [... como] pudesse o Exército brasileiro garantir e defender os nossos compatriotas no Estado Oriental".

Saraiva procura dissipar o receio de Herrera. Assegura-lhe que o Brasil busca a paz e que "as divisões que estavam organizando na fronteira tinham por fim fazer respeitar o nosso território e evitar a passagem de reforços para o general Flores". Saraiva até culpa Flores por aliciar os brasileiros descontentes e volta a culpar os blancos em não tomarem providências para resolver aquela situação. Ou seja, se havia descontentes indo para o lado de Flores, a culpa era dos blancos.

É minha impressão que os seguidos comentários por representantes do Brasil sobre a movimentação de força militar para a fronteira com o Uruguai faziam parte de um estratagema do governo brasileiro para, quem sabe, amedrontar os blancos e chamá-los para um acordo que satisfizesse o Brasil.

Os blancos estavam em guerra civil com os colorados, tinham a antipatia do governo argentino que possuía até ideais políticos iguais aos dos colorados, tinha ainda o descontentamento de uma província brasileira. A movimentação de divisões para a fronteira, deve ter pensado o governo nacional, faria os blancos chegarem a um entendimento. Um pensamento equivocado, e que sugere, mais uma vez, que o Brasil não estava bem informado sobre tudo que ocorria naquela importante região sul-americana.

Voltando à mesma correspondência de Saraiva, ele dizia que o Brasil reconhecia que a situação do Governo Oriental era difícil no que diz respeito a satisfazer as suas demandas por causa da guerra civil, e que seu governo "está no vivo desejo que ele tem de ver a paz firmada neste país". É importante pontuar que em meados de maio de 1864, Saraiva falava seguidamente em paz. Quando mais tarde Rufino de Elizalde e Edward Thornton propõem uma missão de paz para tentar acabar com a guerra civil, ele abraçará a sugestão. Era o que queria.

Em 24 de maio de 1864, Saraiva informa o Rio do "último apelo amigável do governo imperial ao desta República".[8] Escrevia a Herrera que poderia "usar a força existente na fronteira para fazer efetiva a proteção aos seus compatriotas no caso de não querer ou não poder o governo Oriental fazê-lo por si mesmo". Era a força militar usada como meio de pressionar o vizinho a ceder aos apelos brasileiros.

Saraiva ainda explica ao Rio de Janeiro os motivos que deu a sua "primeira nota uma forma mais doce e menos decisiva do que as instruções que recebi". O Congresso, a mídia e os gaúchos forçavam o governo imperial a decisões mais duras contra os uruguaios. Isso repercutia no Uruguai. Saraiva continuava tentando ter sucesso sem que fosse preciso uma custosa intervenção armada. Ele explica que no Uruguai a situação estava complicada e culpa a imprensa local. Tentava desarmar os ânimos e continuava na senda da paz.

Saraiva descreve longamente sobre o radicalismo político-partidário, "que nos países republicanos invadem e dominam tudo". Ele, como outros daquele momento no Brasil, acreditava que o Império dava mais tranquilidade política que a República. Na verdade, depois da independência regional, quando acabou o poder espanhol, a luta nesta parte do mundo entre grupos e interesses foi titânica. Passam-se muitas décadas até que os países se acomodassem politicamente. A paz interna para cada país ainda demoraria.

O Paraguai, desde Gaspar Rodrigues de Francia, com governos autoritários e apartados do mundo, conseguiu uma acomodação política. Fato que não havia ainda em outros países da área. Acreditar que o que ocorria ali seria montado no exterior é desmerecer a história. Os trepidantes fatos do momento na área fazem ser simplista a tese de que os problemas regionais, inclusive guerras, foram importados não se sabe de onde.

No ofício de 24 de maio de 1864, Saraiva anexou cópia do documento encaminhado a Herrera. São reclamações brasileiras desde 1852. A correspondência de Saraiva encaminhada a Herrera é de 18 de maio de 1864.

No ofício para o Rio estão anexadas também matérias de jornais do Uruguai e da Argentina. Como aquela do *La Nación* de Buenos Aires de 21 de maio de 1864 que fala sobre o problema dos brasileiros no Uruguai. Percebe-se pelo insuflar daquele periódico que a única solução era apear os blancos do poder ou o grupo político que estava em desavença com Buenos Aires.

Outra matéria no mesmo jornal de 22 de maio de 1864 trazia todas as reclamações do Brasil ao governo uruguaio. Vinha também do outro lado do estuário do Prata bombardeio em cima dos blancos. Cercados, sua alternativa estava no Paraguai de Solano Lopez.

Aquele ofício de 24 de maio, mais seus anexos, matérias de jornais do Uruguai e da Argentina, vai da página 33 a 106 nos documentos do Arquivo Histórico do Itamaraty. É só ler o que se está ali para se entender como estava a região, a guerra foi uma consequência quase natural.

Em 25 de maio de 1864, Saraiva descreve uma conferência que teve com Herrera.[9] No início da conversação, Herrera lhe diz que a resposta ao ofício de Saraiva, com as reclamações desde 1852, seria entregue naquele dia.

Diz Saraiva a ele sobre as "dificuldades com que lutamos para evitar que Venancio Flores tirasse do Rio Grande do Sul mais recursos do que tinha já obtido". Continua o jogo para criar receio no governo blanco. Mas era um jogo de gato e rato. Os uruguaios também tinham suas fichas, o Paraguai era uma delas, e nunca falam para seu interlocutor sobre isso.

Pode-se afirmar mais uma vez que o caso levantado pelo Rio Grande do Sul era o foco do governo imperial e que aquela província influenciou a ida do Brasil para o Uruguai. Ela e seus problemas eram maiores que qualquer artimanha europeia para jogar quatro países num conflito armado.

Não há nas correspondências nenhum desmentido escrito por Saraiva sobre as alegações da imprensa de Buenos Aires de uma união de Flores, Mitre e os gaúchos para derrubarem os blancos do poder. Saraiva diz que Herrera talvez estivesse correto ao dizer que

Flores é sustentado com os recursos dos estrangeiros e especialmente do Rio Grande do Sul [... Que a saída para ambos seria] se o governo Oriental pudesse terminar a guerra civil, metade das nossas dificuldades estaria resolvida. O término da guerra civil facilitaria, além disso, a liquidação de nossas antigas e recentes reclamações.

Incita os blancos a buscar a paz com os colorados, "único meio, em meu conceito, que se oferecia ao governo Oriental para pôr termo às suas dificuldades internas e externas, sem aumentar os seus embaraços presentes ou provocar crises futuras". Escreve Saraiva que Herrera concordava com ele, "e que desejava mais do que ninguém a paz, contanto que ficasse salvo o princípio da autoridade e dignidade do governo".

Saraiva concorda com Herrera sobre o princípio da autoridade "sem a qual nenhuma sociedade se organiza [...] o fato de estar tratando com V. Exca. ao invés de tratar com Flores que, aliás, soube angariar a simpatia dos meus compatriotas, prova isso".

Ao discorrer mais sobre o princípio da autoridade, Saraiva disse que só se pode tê-la se o governo tem meios para reprimir rebeliões. Depois disso deve funcionar a generosidade dos vencedores para "que apague todos os ódios e todas as paixões da guerra civil". Deve ter lido Machiavel. Quem o assessorava, por determinação do Congresso, era o deputado Tavares Bastos que, aliás, era a pessoa que escrevia as longas correspondências para o Brasil.

O ministro uruguaio não ficava atrás em espertezas diplomáticas. Herrera lhe responde que o seu governo queria a paz, mas que o Brasil

> poderia bem concorrer para a pacificação desarmando e retirando os brasileiros da luta, o que contribuiria para que pudessem ser mais bem atendidas as reclamações justas do governo Imperial.

Ou seja, o Brasil reclamava ações do governo uruguaio e este acreditava que poderia resolvê-las se o país vizinho não desse apoio aos colorados. E, claro, sem ajuda em homens e material, Flores se enfraqueceria. Seria mais fácil derrotá-lo.

Eram estocadas inteligentes de cada lado. Não seria até uma forma de diminuir a ação de personagens da região, ao se tentar criar a guerra que virá fora dos nossos próprios problemas? Não é atirar na inteligência regional pensar somente nessa direção? Só a Inglaterra era capaz de criar um conflito onde tudo supostamente era um ambiente de paz? Ou ela usou e ampliou os problemas locais para satisfazer seus objetivos imperialistas? Usando as desavenças, ela empurrou quatro governos para uma guerra destrutiva. E ninguém da época percebeu. E os documentos sobre essa maquinação, sejam ingleses ou de outros países, até agora não apareceram.

A resposta de Saraiva a Herrera é brilhante. É copiada inteira:

> Sua Excelência pretende fazer com o Brasil o mesmo que fizesse o médico com o doente, que, ao não dar-lhe um remédio para curar uma moléstia grave, respondesse ao enfermo, salve-se e depois lhe dou o remédio. Que se o governo Imperial pudesse amigavelmente desarmar os brasileiros já eles estariam desarmados. Que pretender desarmá-los lutando com eles e sem mostrar-lhes que se empenha em defendê-los e protegê-los com todo o calor, com toda a natureza, isso não faria certamente o governo imperial, pois que Sua Excelência deveria compreender que nós seríamos sempre mais condescendentes com os brasileiros, nossos compatriotas, e mais seus amigos, do que dos Orientais, e que afinal preferiríamos lutar com a República a lutar com os nossos compatriotas.

Tudo está na correspondência citada de 25 de maio de 1864. Herrera lhe respondeu que concordava com ele, "declarando que não me acreditaria se eu não dissesse o que acabava de dizer".

Nada sobre o Paraguai. Saraiva, em suas longas notas e correspondências, também não tocava no Paraguai. Os fatos indicam que não era um contendor a ser temido nos assuntos do Prata. Um erro de avaliação.

No ofício de 28 de maio de 1864 para o Rio de Janeiro[10] está anexada a resposta de Herrera às demandas de Saraiva do dia 18 de maio. A resposta do ministro uruguaio é de 25 de maio. Vai da página 151 a 266 no Arquivo do Itamaraty. É uma nota altiva, dura nos seus termos e que não deixa nenhum ponto das demandas brasileiras sem resposta. Ao ler um documento daquele, com parte da história regional sendo mostrada, fica mais distante o ponto de vista de que a Inglaterra manipulou governos para uma guerra para destruir o modelo econômico paraguaio.

No mesmo ofício (com mesma data, mas dividido em números diferentes), Saraiva escreve ao representante do Brasil em Buenos Aires. É que Rufino de Elizalde, ministro do Exterior da Argentina, informara a ele que ia tentar aconselhar Atanásio Aguirre, presidente do Uruguai, a fazer a paz. Saraiva, que já havia recebido a contundente resposta dos blancos, disse que estava persuadido de que só com demonstração de força é que Aguirre mudaria de postura. Critica, outra vez, os ânimos exaltados dos partidos no Uruguai.

Estimula, todavia, que Elizalde faça o que diz que faria. Diz ao representante do Brasil em Buenos Aires que

> agora me parece que minha missão estender-se-á até aí, pois, se não é uma farsa a resposta que me deram, não tenho esperança de conseguir nada senão por meios fortes e o Brasil não chegará a esse extremo sem que se entenda com a República Argentina e procure antes de tudo, com ela, dar a paz ao Estado Oriental.

Os dirigentes argentinos acreditaram que a missão Saraiva poderia encontrar o caminho da paz no Uruguai ou, por outros meios, apear os blancos do poder. Seria útil ao governo Mitre. Já que a missão tinha dificuldades, o governo argentino resolveu colocar o time em campo e, aproveitando ainda a presença do enviado brasileiro, buscar meios para conseguir um entendimento entre os partidos uruguaios. Paz ali teria repercussão positiva do outro lado do estuário do Prata.

No mesmo ofício número cinco, de 28 de maio de 1864, encontra-se a carta de Buenos Aires para Saraiva, datada de 26 de maio de 1864. É a conversa do representante brasileiro em Buenos Aires. Escreveu que Elizalde e Mitre esperam que a missão brasileira tenha êxito e se encontre a paz e que, se preciso, iria ao Uruguai. A paz é defendida pelo governo argentino também. Porque Elizalde "espera que resolvida a questão com o Brasil, no sentido de que ele e todos os amigos da paz desejam, desaparecerão todas as dificuldades que desgraçadamente existem entre as duas Repúblicas".

No ofício número seis, de 28 de maio de 1864,[11] Saraiva escreve para João Pedro Dias Vieira no Rio que a resposta de Herrera "surpreendeu-me". Sabia que os blancos não atenderiam a todas as demandas, mas que "estava longe de acreditar [...] que a resposta fosse o que é". A dura resposta de Herrera era a de chamar para a liça toda a região. Tentar acabar, no confronto, com as intenções de Buenos Aires e do Rio de Janeiro sobre as pequenas repúblicas dali.

A guerra civil no Uruguai emerge de forma cristalina como o estopim imediato para a guerra maior que virá logo. Escreve Saraiva para o Rio em sua longa explanação que se a guerra [civil] é a causa de nossas dificuldades e o obstáculo para o governo Oriental dar aos seus vizinhos as seguranças e garantias que reclamam, nada mais natural do que procurarem estes sugerir-lhe a paz como o meio de liquidarem as suas reclamações e não interromperem as relações de boa amizade.

Frente à resposta uruguaia, Saraiva escreve ao Rio que é hora de "formular o nosso último apelo e de pensar no meio de tornar eficaz por nós próprios a proteção que não quer ou não podem dar aos nossos concidadãos".

Continua seu ofício, "é urgente organizar e distribuir nossa força na fronteira". Só a força militar, "talvez só ela tenha a virtude de aconselhar o governo oriental a fazer-nos justiça ou a aderir ao pensamento da paz". Acredita que só em Buenos Aires "resolveremos essa última questão, a paz, e que isolados não poderemos usar dos meios de repressão".

Diz que

hoje estou persuadido de que nada devemos recear por esse lado. Buenos Aires não alcançará nunca dominar o Estado Oriental e menos exercer aqui uma influência funesta ao Brasil. [...] Não alimentemos, pois, receio por esse lado; e quando o devêssemos ter, chegou o caso de ser pior não confiar do que confiar. Sem aliança tudo nos contrariará. Com a aliança de Buenos Aires tudo será fácil. É preciso, pois, adquiri-la ou preparar-nos para grandes sacrifícios.

Uma aliança com os argentinos para derrubar um partido no poder no pequeno Uruguai. Não era sugerida uma aliança para enfrentar os blancos e o Paraguai. Esta virá mais tarde, empurrada, entre outros fatores, pela equivocada invasão de Solano Lopez em Corrientes na Argentina, no início do conflito com o Brasil.

Lopez acreditava que, assim procedendo, daria força para um levante do interior argentino contra Mitre. Formar-se-ia então uma luta quase entre iguais: Paraguai, províncias do interior da Argentina e os blancos *versus* Brasil, Buenos Aires e os colorados. Não deu certo. Mais tarde o confronto ficou Brasil e Argentina, sem o interior do país se levantar em armas, mais os colorados, contra Solano Lopez e um desacreditado e sem força militar Partido Blanco.

Detalhe a destacar do ofício de Saraiva é a crença de que o Uruguai não seria dominado pelo governo argentino. Este também temia que isso ocorresse para o lado do Brasil. Nem Buenos Aires nem o Rio de Janeiro queriam a pequena República do Prata dominada por um ou outro vizinho maior. No passado ocorrera e foi um parto difícil arrumar um entendimento diplomático na região. Os fatos indicavam que nem um nem outro gostariam de voltar àqueles tempos.

Saraiva, no ofício de 28 de maio, em que colocou a ampla resposta de Herrera, faz uma solicitação ao Rio de Janeiro em quatro itens. Coloca-se, como em praticamente todas as correspondências, na maneira de escrever da época:

1. emitir-me seu juízo sobre o que convém fazer no caso de rompermos com o Governo Oriental;
2. enviar-me credenciais para entender-me, sendo preciso, com o governo argentino acerca do quanto interessar no Estado Oriental, seja a paz, seja a ocupação territorial desta República;
3. habilitar-me para que possa entender-me com o governo paraguaio, pois que podem de improviso surgir dificuldades dali. Sua Excelência sabe que o Governo Oriental há muito faz vivas diligências perante o presidente Lopez, e tem procurado sua cooperação;
4. informar-me da época em que provavelmente venha a ficar preparada e pronta a força de fronteira, assim como a distribuição que haja recomendado o senhor ministro da Guerra.

A impressão que se tem é de que a resposta de Herrera, que surpreendeu Saraiva pela veemência, é que o tenha levado a raciocinar que deveria haver algo maior que dava confiança a ele. Como é que um partido no poder, tendo outro no campo de batalha contra, mais a beligerância dos gaúchos, mais uma suposta força militar brasileira na fronteira, com um governo Mitre, também contra eles e a favor do liberal Venancio Flores, poderia dar uma resposta ferina, altiva e até certo ponto suicida daquela? Deveria haver algo a que aquele governo quase moribundo se agarrava.

O pedido para conversar com o Paraguai talvez tenha essa base. Antes daquela resposta, nas longas correspondências trocadas, não se encontram palavras dele ou dos representantes do Brasil em Montevidéu e em Buenos Aires sobre o "perigo" paraguaio. Os arranjos diplomáticos dos blancos em Assunção, mostrados pelos paraguaios para toda a região, eram mais voltados para a Argentina do que para o Brasil. Depois da nota do Uruguai de

25 de maio é que o Paraguai foi lembrado pelo diplomata brasileiro. Mas, mesmo fazendo aquele pedido para o Rio de Janeiro, Saraiva não foi conversar com dirigentes paraguaios e em suas correspondências posteriores nem tocou mais naquele país.

Saraiva ainda acreditava na paz. Fala no mesmo ofício em não rompimento com o Governo Oriental, "tendo sempre em vista o nosso interesse mais grave, a paz". Pede ao Rio que tenha a nota de Herrera em "reserva" porque ele "pode recuar e retirá-la". Estava equivocado. O que Herrera respondera era o que pensava a maioria dos blancos: acabar com a tutela indireta que exerciam o Rio e Buenos Aires no Uruguai. Sabiam que isso era o que pensava também Solano Lopez.

No ofício mandado ao Rio de Janeiro por Saraiva, em 6 de junho de 1864,[12] ele relata que os blancos não tinham condições de um enfrentamento maior, que espera trazer de volta o Governo Oriental

> ao ponto de vista útil, a paz interna, como meio eficaz de resolver suas dificuldades externas [...] torna-se necessário convencer o mesmo governo de que o seu rompimento conosco lhe era tão prejudicial quanto proveitoso ao general Flores.

Diz ainda que recebeu carta do senhor Leal, representante do Brasil em Buenos Aires, em que este lhe comunica que Elizalde iria a Montevidéu. Informa que "antes de fechar este ofício recebo a notícia da chegada do senhor Elizalde, com quem vieram o senhor Thornton [representante da Inglaterra em Buenos Aires] e o senhor Andrés Lamas, em uma canhoneira inglesa".

Continua Saraiva,

> a presença de Elizalde e a do senhor Thornton, não menos do que a do senhor Lamas (que há muito recomenda aos seus amigos do partido dominante uma transação com o general Flores), podem apressar a decisão do governo oriental no sentido da paz.

Pede ainda ao governo do Brasil que "muito útil será impedir nas Câmaras qualquer discussão que possa perturbar a marcha dos acontecimentos".

Um pedido que nunca foi atendido. O Congresso se tornara agressivo com o assunto no Uruguai, principalmente os representantes do Rio Grande do Sul. O que Saraiva via é que tentando uma difícil paz, com os discursos dos parlamentares sendo mostrados pela imprensa do Uruguai, era complicado convencer gente dali que o Brasil a queria.

Saraiva sabia também das condições das finanças do Brasil. Sabia ainda que a Marinha não estava em situação adequada. Uma intervenção custava dinheiro para movimentar soldados e refazer a Marinha de Guerra. A paz aliviaria isso. Mas os parlamentares no Rio achavam que era um passeio a tal invasão. Até poderia ser, se a Argentina ajudasse e não aparecesse depois a terrível guerra regional.

No ofício de 6 de junho de 1864 está anexada a resposta de Saraiva de 4 de junho (37 páginas manuscritas) à de Herrera, de 25 de maio. A leitura da primeira e da segunda exposição de Saraiva, mais a de Herrera, é uma aula sobre história regional e indica quão difícil estava o caminho da paz.

O que está escrito nessas correspondências, as reclamações, acrimônias, história de conflitos entre os dois países, aparecerá nas duras trocas diplomáticas de Saraiva de 4 de agosto de 1864 e na resposta de Herrera de 9 de agosto do mesmo ano. Essas reclamações entre os dois lados serão analisadas de forma até mais aprofundada no capítulo "Os ingleses e as tentativas de paz", nos documentos traduzidos e mandados para Londres por representante inglês no Prata. Tenta se ver por aí também se havia algo conduzido pelos ingleses para jogar a região numa guerra.

No mesmo ofício de 6 de junho há a carta de Buenos Aires datada de 3 de junho de 1864 para Saraiva sobre a conversa do representante brasileiro com Elizalde. Falaram em defesa da paz – desejo de representantes de outros países. Diz que Thornton iria ao Uruguai mais como alguém interessado na paz, para dar "o peso moral da legação a seu encargo". Havia naquele momento uma pendência entre o Brasil e a Inglaterra por causa da questão Christie, mas que "não duvidava de que este verdadeiro *gentleman*, antípoda de Mr. Christie, prestaria o seu apoio moral para o restabelecimento da paz no Rio da Prata".

Elizalde disse a Leal que o governo brasileiro "haveria de respeitar a independência do Estado vizinho, bem longe de pôr o menor embaraço à missão de Vossa Excelência haveria de concorrer, quanto estiver ao seu alcance, para que ela tenha o resultado de que todos necessitam".[13]

Todos queriam a paz. Também a Argentina: o país passara por três lutas civis entre 1851 e 1861. Não havia meios financeiros para enfrentamentos armados. Claro que pesava também o descontentamento das províncias do interior contra Buenos Aires. Uma invasão no Uruguai poderia ser um pretexto para um novo levante contra a capital. Concluir, afinal, a batalha de Pavón contra Justo José de Urquiza em que não houve nem vencidos nem vencedores.

Em 9 de junho de 1864, novo ofício de Saraiva para João P. D. Vieira no Rio.[14] Escreve sobre a chegada no dia 6, "pelas 5 da tarde", de Elizalde a Montevidéu. O ministro argentino manda bilhete a Saraiva para um encontro. Tavares Bastos é que foi conversar com Elizalde que lhe diz que "vinha a Montevidéu para, de acordo comigo [Saraiva], obter a pacificação do Estado Oriental, único meio de resolverem as questões internacionais pendentes com o Brasil e a República argentina".

Saraiva e Elizalde se encontram no outro dia (7 de junho) às 9h30. Trocam gentilezas. Garante-se mutuamente que nem Brasil nem Argentina teriam interesse num domínio futuro do Uruguai. Quebravam as desconfianças, um precisava do outro. Saraiva até mostrou a Elizalde sua resposta a Herrera.

Na mesma ocasião, à noite, ele e Elizalde conversaram com o presidente uruguaio, Atanásio Aguirre, em que "lhe descrevemos todos os perigos da situação e a necessidade da paz". O ofício conta os detalhes da conversa dos dois com Aguirre. Sempre mostrando os perigos da guerra e que a paz era o caminho. Aguirre até concordava com a paz, mas, repetindo Herrera, "sem comprometer o princípio da autoridade". Os dois concordam com isso. Disseram que podiam "assegurar-lhe que obteriam a paz e para isso púnhamos à sua disposição os nossos esforços e o nosso apoio moral".

Aguirre disse "que era o seu mais vivo desejo chegar a um acordo com o governo imperial, cujas reclamações justas estava disposto a atender e atenderia já se lhe permitisse as circunstâncias da República".

O caminho dos blancos parecia traçado: não podiam atender por causa da guerra civil e porque países de fora estariam ajudando seus desafetos políticos e militares. Aguirre disse aos dois que marcara uma reunião deles com outras pessoas importantes da cidade.

Saraiva foi surpreendido pelo informe de Elizalde, dia 8, um dia depois de conversarem com Aguirre, de que Herrera o procurara e a Thornton para tentar resolver a pendência do seu país com a Argentina. Elizalde se recusou a conversar sobre o assunto, já que sua missão ali era outra e que a faria junto com o Brasil.

Os blancos tentavam colocar uma cunha entre Brasil e Argentina. Propor resolver desavença com um sem falar com o outro? Se conseguissem, tirariam a Argentina e a Inglaterra da mediação e ficariam, junto com o Paraguai, com a seta dirigida contra o Brasil.

Foram à casa de Herrera para uma nova conversa. Lá estava o novo ministro do Interior, Octavio Lapido. O mesmo que, depois de Herrera, chefiara quase toda conversação com o governo Solano Lopez. O homem que tinha as informações em detalhes daquele trabalho diplomático. Não abrem a boca nas conversas para falar que o Paraguai estaria com eles.

No ofício sobre essa conversa, Saraiva faz enorme elogio a Edward Thornton, representante inglês em Buenos Aires. Diz que

> por sua moderação, por seu critério e, sobretudo, por seu caráter grave e benévolo. O seu concurso não passa da cooperação de um homem de bem, que deseja ser útil [...] pelas impressões que me tem deixado julgo que ganharíamos em ter o senhor Thornton o novo representante do seu governo nessa corte.

Um comentário desses ajuda a atrapalhar argumentos de que Thornton e Lettsom estariam por trás da guerra. Pessoas do Brasil (Saraiva, Loureiro e Leal), da Argentina (Mitre e Elizalde), do Uruguai (Andrés Lamas) foram enganadas pelos dois? Dois representantes ingleses que talvez nem fossem dos mais brilhantes do seu país. Se fossem, estariam naquele momento em outros lugares mais apetitosos para a diplomacia e os interesses econômicos da Inglaterra do que na América do Sul. Inteligências regionais foram enganadas por eles? Até machuca o ego regional.

O encontro dos que tentavam a paz foi na casa de Juan Herrera, ministro do Exterior do Uruguai. Estava presente também Edward Thornton. Saraiva diz no ofício que acredita ainda que o Governo Oriental, "sem saída", teria que caminhar para a paz. A conferência na casa de Herrera foi amigável. Ele dizia que

> o governo Oriental está disposto a tratar da paz e a aceitar a bem dela o concurso benévolo dos ministros presentes, mas que havia uma questão prévia a resolver: o que fariam o Brasil e a República argentina se Flores não aderisse à paz ou a recusasse?[15]

Elizalde respondeu que se as ofertas de Flores fossem absurdas, seu país daria apoio "moral e mesmo material" ao governo uruguaio. Porém, se condições razoáveis fossem recusadas pelo governo uruguaio, aí ele não poderia fazer nada.

Depois de longa conversa, caminharam para elaborar uma proposta de paz com os seguintes itens:

1. Anistia plena para todos os que estavam envolvidos na guerra civil.
2. Reconhecimento dos postos de comando que anteriormente tivessem no Exército da República e mesmo aqueles que o general Flores tivesse dado, se fosse isso uma condição *sine qua non* da paz, o que "o governo uruguaio faria com muita repugnância".
3. Concessão de uma quantia para que o general Flores remisse as dívidas contraídas com a guerra e indenizasse os indivíduos de quem recebeu gado e cavalos.
4. Liberdade plena de eleição, a qual, observou o senhor Herrera, é dever do governo garantir.[16]

Em 10 de junho, foi publicado um decreto presidencial que era contrário àquilo que se havia concordado no dia anterior na casa de Herrera. Ele é longo e tem sete artigos. Fala em anistia geral, mas que todos deveriam depor as armas, "restituídas aos postos que tenha adquirido no serviço da República". E que "efetuado o desarmamento das forças, até hoje em armas contra o governo, ao tempo e pela forma que este determinar". Que voltando aqueles em armas para seus lugares, "restabelecida a tranquilidade dos espíritos e a paz em todo território da República", o governo então trabalharia para se ter eleições para o legislativo e a escolha futura do presidente.

Dois dos que assinam o decreto são Herrera e Octavio Lapido. Eles é que começaram os contatos com o governo do Paraguai. Acreditavam que poderiam ter apoio dali para um futuro entrevero na área. Daí, talvez, conversar uma coisa com os representantes diplomáticos e ter outra atitude como os dizeres desse novo decreto.

O problema é que Flores e seus homens não iriam concordar em entregar as armas. Havia um fato anterior em Quinteros, do mesmo Partido Colorado de Flores, em que entregaram as armas antes e foram massacrados. Flores não iria aceitar tal determinação.

Os representantes diplomáticos protestaram contra o decreto presidencial. Saraiva escreveu ao Brasil que "o decreto como fora concebido não era a expressão fiel do que se havia convencionado conosco; que a vista dele em vez de mediadores nós não seríamos senão agentes ou executores de um pensamento do governo da República".[17]

Pressionam o governo uruguaio para rever o tal decreto, principalmente sobre depor as armas de forma unilateral. A pressão surtiu efeito. O decreto não foi publicado no *Diário Oficial*, mas foi publicado na íntegra pela imprensa uruguaia. O que talvez tenha sido até pior. Publicado na imprensa se espalhava pela população o duro ponto de vista do governo ou de negociação somente nos termos impostos por ele. A não publicação oficial pouca importância tinha para uma maioria que nem sabia que, para ter validade, um decreto deveria ser assim publicado. O que ia contar no meio da população era a publicação não desmentida na imprensa. Mais lenha na fogueira.

Saraiva envia ofícios seguidos para o Rio de Janeiro. O confidencial número 10, de 23 de junho de 1864, é dividido em três com a mesma data. O de número 11, de 25 de junho de 1864. O de número 12, de 27 de junho de 1864. Ainda outro, sem o número, em 28 de junho de 1864. E o de número 14, de 5 de julho de 1864.[18]

Os representantes diplomáticos, Elizalde, Saraiva e Thornton, viajaram para o interior e encontraram com Flores em Puntas del Rosario. Ali fizeram um documento com as condições de paz, assinado por todos, incluindo o inglês Edward Thornton. Ele e todos sabiam que o fulcro de descontentamento no Rio da Prata era a guerra civil no Uruguai. Se acabasse, diminuiria as tensões locais.

O documento com as assinaturas, incluindo a de Venancio Flores, é de 18 de junho de 1864 e tem cinco artigos. Fala em anistia geral. Que haveria desarmamento, "concordando com o Brigadeiro General D. Venancio Flores, no meio de praticá-lo, com as forças que estão sob seu comando". Flores não concordará com desarmamento unilateral de suas forças. Infere-se naquela frase que ele se encarregaria de desarmar seus homens no momento conveniente.

Também no acordo se dizia que ele receberia uma soma de 500 mil pesos para pagar despesas de guerra e que as contribuições que recebera de fazendeiros, como gado e cavalos ou dinheiro em espécie, "se considerarão como entradas no Tesouro Nacional". Também Andrés Lamas e F. Castellanos, representantes de Aguirre na comitiva, assinaram aquele documento.[19]

No dia 23 de junho, os representantes já estavam em Montevidéu e entregam a Aguirre uma carta pessoal de Flores e também os termos de um provável futuro acordo entre os lados em luta. Uma das condições seria uma mudança no ministério de Aguirre com pessoas mais palatáveis aos colorados.

Foram feitos ajustes no acordo em andamento. Aguirre pediu que se reduzisse ao mínimo a quantia a ser repassada a Flores. Concordava que quem pagara aos colorados não precisava pagar outra vez ao governo. Achava complicado colocar os nomeados no Exército por Flores nas mesmas funções. Aguirre faz visita a Saraiva, elogia sua atuação e dos outros representantes na busca da paz.

Voltam Elizalde e Thornton a falar com Flores e entregam um documento de Aguirre a ele. Aí a situação complicou de vez. Flores indignou-se com o que leu. Era-lhe proposto depor antecipadamente as armas. Ele se enfureceu, os representantes diplomáticos só naquele momento entenderam o conteúdo do que haviam levado de Aguirre a Flores. Não fora aquilo que conversaram com o presidente. Sentiram-se traídos e frustrados. Mostram-se desanimados com os blancos. Num momento e à vista de todos os presentes concordavam com um ponto de vista, depois mudavam novamente.

Este assunto será tratado com mais detalhes nos documentos ingleses nos capítulos posteriores. Sempre na intenção de se buscar se houve uma mão invisível que levasse os países à guerra.

Saraiva não desistira ainda da paz. Num longo documento para o Rio de Janeiro de 5 de julho de 1864,[20] escreveu que Lamas e Castellanos disseram que o presidente temia uma revolução "feita pelo próprio Exército do governo se ele demitisse o ministério".

Continua Saraiva em sua correspondência que

> aconselhava a Aguirre que organizasse logo um ministério superior [...] e se me prometesse por escrito que esse ministério duraria até organizar o país, eu prometer-lhe-ia também prestar a esse governo o apoio moral e material que carecesse para evitar a anarquia na República.

Prometeu o mesmo que Elizalde. Argentina e Brasil se comprometiam até em dar ajuda material ao governo uruguaio para acabar com a guerra civil. O representante inglês também concordava com todo o arranjo, incluindo o tal apoio material que pode ser traduzido como algo maior que somente apoio moral ou diplomático. Este tipo de apoio tinha a intenção de acabar o conflito interno no Uruguai que estava azedando as relações regionais. Era uma forma indireta de se buscar a paz.

Saraiva dizia ainda que "está convencido de que as suas reclamações não podem ser atendidas eficazmente, e com proveito, senão por um governo compenetrado de sua missão e forte para combater os desmandos dos partidos".

Acabou concordando com a tese de Herrera de que o governo uruguaio, com uma guerra civil a combater, não tinha condições de garantir vidas e propriedades em seu território. Herrera acusava ainda que parte disso era culpa do Brasil e Argentina que armavam gente em luta contra o governo do país. A correspondência de Saraiva é ilustrativa daquele momento.

Ele escreve ainda que

> em vez de hostilizar a República, o Brasil apoiará o governo esclarecido que evitar um rompimento, fazendo justiça [...] transformando o caráter de minha missão sem alterar os fins a que ela se propõe, serei seguramente apoiado por meu governo.

E que

> os senhores Thornton e Elizalde aplaudiram a deliberação que eu acabava de tomar e o último declarou que a Confederação não deixaria o Brasil isolado no empenho de salvar este país da anarquia se o presidente tivesse ao seu lado uma administração capaz.

Lamas e Florentino Castellanos conversaram com o presidente, que concordava com o ponto de vista de Saraiva, mas "que lhe era preciso ouvir algumas pessoas". Sempre que se fazia reunião ampliada, a paz ficava mais longe. Pessoas proeminentes de Montevidéu, que apoiavam os blancos e quem sabem tiravam proveito dessa aproximação, não queriam saber de gente do Partido Colorado dividindo espaço e posição com elas.

Aguirre tinha no ministério figura como Antonio de las Carreras, que controlava as pastas de Marinha, Exército e Finanças e era a favor do confronto com os dois indesejados vizinhos. Ele acreditava, como acreditavam Herrera e Lapido, nos frutos das missões ao Paraguai. Uma união que sonhava ainda com as províncias rebeldes do interior argentino que sempre estavam dispostas a se levantar contra Buenos Aires ou o governo de Bartolomé Mitre. Uma união que poderia fazer frente aos adversários. A guerra seria questão de tempo, com a morte da tentativa de paz na guerra civil do Uruguai entre blancos e colorados.

NOTAS

[1] Legação Imperial do Brasil em Montevidéu. Arquivo Histórico do Itamaraty, Ministério das Relações Exteriores (MRE). Rio de Janeiro, pasta 222/4/16.

[2] Ofício, em Legação Imperial do Brasil em Montevidéu, Ministério das Relações Exteriores (MRE). Rio de Janeiro, n. 1 de 14/4/1864, pasta 222/4/16.

[3] Ofício Confidencial Reservadíssimo, em Legação Imperial do Brasil em Montevidéu, Ministério das Relações Exteriores (MRE). Rio de Janeiro, n. 11 de 25/4/1864, pasta 222/4/16.

[4] Idem, n. 12 de 29/4/64 e n. 13 de 14/6/1864, pasta 222/4/16.

[5] Hélio Lobo, *Antes da guerra: a missão Saraiva ou os preliminares do conflicto com o Paraguay*, Rio de Janeiro, Imprensa Inglesa, 1914, pp. 77-9.

[6] Ofício Confidencial, em Missão Especial do Brasil em Montevidéu, Ministério das Relações Exteriores (MRE). Rio de Janeiro, n. 1 de 14/5/1864, pasta 272/1/18.

[7] Idem, n. 2

[8] Idem, n. 3 de 24/5/1864, pasta 272/1/18.

[9] Idem, n. 4 de 25/5/1864, pasta 272/1/18.

[10] Idem, n. 5 de 28/5/1864, pasta 272/1/18.

[11] Idem, n. 6 de 28/5/1864, pasta 272/1/18.

[12] Idem, n. 7 de 6/6/1864, pasta 272/1/18.

[13] Idem.

[14] Idem, n. 8 de 9/6/1864, pasta 272/1/18.

[15] Idem. Também em Hélio Lobo, op. cit., p. 162.

[16] Hélio Lobo, op. cit., p. 162.

[17] Ofício Confidencial, em Missão Especial do Brasil em Montevidéu, Ministério das Relações Exteriores (MRE). Rio de Janeiro, n. 9 de 22/6/1864, pasta 272/1/18. Também em Hélio Lobo, op. cit., p. 166.

[18] Todos em Missão Especial do Brasil em Montevidéu, no Arquivo Histórico do Itamaraty, Ministério das Relações Exteriores (MRE). Rio de Janeiro, 1864, pasta 272/1/18.

[19] Hélio Lobo, op. cit., p. 174.

[20] Ofício Confidencial, em Missão Especial do Brasil em Montevidéu, Ministério das Relações Exteriores (MRE). Rio de Janeiro, n. 15 de 5/7/1864, pasta 272/1/18. Também em Hélio Lobo, op. cit., pp. 186-7.

Os ingleses e as
tentativas de paz

Nos anos anteriores à Guerra do Paraguai havia dois representantes diplomáticos ingleses no Rio da Prata. Um em Buenos Aires, Edward Thornton, e outro em Montevidéu, William. G. Lettsom. É enorme a quantidade de correspondências que enviaram ao *Foreign Office*, em Londres, e de lá receberam muitas outras mensagens diplomáticas também.

A correspondência retrata o olhar minucioso de Londres e seus representantes diplomáticos naquele trepidante momento da região. Uma parte dos despachos diplomáticos está em livro que este autor publicou sobre a Guerra do Paraguai. Adotando maneira específica de publicação para aquele momento, a citação se fazia no corpo do texto. Agora, diferentemente de antes, se cita a fonte ou o lugar de onde se tirou a informação diplomática. Além disso, nesta versão há uma ampliação e aprofundamento da pesquisa em mais fontes diplomáticas inglesas. São novas mensagens e correspondências dos ingleses nos momentos anteriores à guerra para este e o capítulo "Ainda a presença dos ingleses".

Edward Thornton

Essas trocas diplomáticas não têm sido muito usadas quando se fala da Guerra da Tríplice Aliança e ao mesmo tempo, de forma paradoxal, existe a tese de que foi a Inglaterra a criadora da Guerra do Paraguai. Não se encontra nos despachos diplomáticos dos ingleses atos ou ações que incentivassem aquela parte do mundo a pegar em armas, principalmente a alegação de que se faria isso para impedir o crescimento econômico autônomo do Paraguai, que poderia, em tantas interpretações sobre aquele momento, ser um modelo regional alternativo e contrário aos interesses ingleses naquela área. Os ingleses mais lutaram pela paz regional do que o contrário.

Edward Thornton escreveu para Londres em 11 de junho de 1864[1] que, num jantar em sua casa, Rufino de Elizalde, ministro do Exterior da Argentina no governo de Bartolomé Mitre, lhe dissera que pretendia ir a Montevidéu para conversações com o governo blanco, com a proposta de acabar com a guerra civil que engolfava o país vizinho. Thornton concordou com a intenção de Elizalde. Um dia depois do jantar, ele e Elizalde conversaram com Bartolomé Mitre sobre o assunto e o presidente argentino sugeriu que Thornton deveria ir junto.

Num despacho como esse para Londres se percebe como os ingleses estavam por perto dos acontecimentos da área. Cada passo do que ocorria na região era do conhecimento da diplomacia inglesa. É um fato que se repetirá à exaustão nas correspondências que serão mostradas.

Thornton concordou com a sugestão de que deveria ir também a Montevidéu dizendo que uma "pessoa imparcial" poderia ser útil na negociação entre o Brasil e o governo blanco. Não seria aconselhável ir a Montevidéu num navio de guerra argentino, visto a acrimônia política entre os dois países. O diplomata inglês se encarregou de conseguir um navio de seu país. Lettsom, representante britânico no Uruguai, seria também informado dessa ida dos dois. Ele é que participaria os blancos sobre essa movimentação diplomática.[2]

Mitre argumentava que um acordo entre Montevidéu e Buenos Aires poderia ocorrer se houvesse entendimento entre o líder do Partido Colorado Venancio Flores e o governo blanco. O mesmo pensamento de todos que viviam os acontecimentos no Prata. Ali estava o ponto de discórdia que levava também o Brasil a importunar o governo daquele país. Thornton escreveu sobre a missão Saraiva junto ao governo uruguaio e que a situação entre os dois países piorava a cada dia.

As reclamações brasileiras, continua o inglês, tinham também a guerra civil naquele país como o fato que trazia desassossego na região. Acreditava que a paz de colorados e blancos seria a melhor solução para o Brasil. Foi proposto que, quando Elizalde e Thornton chegassem a Montevidéu, procurassem o brasileiro para, em conjunto, tentarem a pacificação.[3]

É difícil acreditar que o representante inglês estaria fazendo arranjos com o governo argentino para tentar a paz no Uruguai e, por outros meios, estimulando ou planejando sub-repticiamente para aumentar a temperatura política na região do Prata.

Mitre não queria ficar longe do que estava acontecendo em Montevidéu com a presença de Saraiva ali. Os fatos sugerem que o inglês também não. Daí juntar os dois interesses e a intenção de irem juntos para o Uruguai. As relações entre o Brasil e a Inglaterra não eram boas, mas Thornton acreditava que o *Foreign Office* não se oporia ao seu trabalho de intermediação. No mesmo despacho dizia que estava comunicando a Lettsom para manter contato com o governo uruguaio e alertá-lo para a missão que chegaria lá.

Embarcaram no dia 5 de junho num barco inglês, ele, Elizalde e Andrés Lamas, que era o representante uruguaio em Buenos Aires. Estava começando algo novo na área, um sopro de esperança que poderia trazer um pouco de paz política ou alguma alternativa diferente.

No dia seguinte, 6 de junho, à tarde, chegaram a Montevidéu. Estavam ali para tentar a paz interna no Uruguai e convidaram o enviado brasileiro a juntar-se a eles na empreitada. Saraiva, mesmo acreditando que a paz seria o melhor caminho para cumprir sua missão, teve um momento de hesitação. O que, diz Thornton, "era muito natural".

Uma hesitação talvez planejada. É que Saraiva tinha na busca da paz seu norte nas negociações com o governo blanco. Não conseguira convencer aquele governo do seu ponto de vista. Saraiva irá concordar com a proposta de Elizalde e Thornton.[4] Sabia que o problema do Rio Grande do Sul estaria resolvido com a solução do conflito no Uruguai.

Também se pode arguir que não seria inteligente da parte dele não aceitar a sugestão da intermediação de paz feita por representantes da Argentina e Inglaterra. O bom-senso recomendava não ter enfrentamentos desnecessários com esses dois países, já que estava prestes a ter um com o Uruguai.

No Uruguai havia dúvidas sobre a proposta de paz. Numa carta para Thornton, desde Montevidéu, em 3 de junho de 1864,[5] Lettsom dizia que Juan José de Herrera não estava convencido ainda em aceitar uma conversação com a Argentina. Tinha bronca do Brasil, mas talvez maior ainda dos argentinos.

Acreditava que Flores recebia benefícios e armas do governo Mitre. A relação bilateral estava rota e, além disso, ele precisava se inteirar melhor das intenções de Saraiva e ainda saber que novo relacionamento era esse entre Argentina e Brasil. Os dois países tinham desavenças antigas e não seria de uma hora para outra que tudo aquilo teria mudado. Daí a indecisão de Herrera.

Devia ainda estar apreensivo com alguma reação paraguaia a essa movimentação pela paz. Sabia dos desejos de Solano Lopez em ter influência nos assuntos do Prata. O dirigente paraguaio, se ficasse de fora também dessa iniciante negociação, talvez não gostasse da atitude do governo blanco: de conversa de guerra com ele e, por outros meios, buscando a paz sem o concurso do Paraguai.

Apesar dessa hesitação, Herrera não tinha como não concordar em conversar sobre paz em seu país com representantes diplomáticos dos seus dois maiores vizinhos e também da maior potência mundial da época, a Inglaterra. Um resumo dos acontecimentos daqueles dias mostra como se andou rápido naquele início de tentativa de paz no Uruguai.

Thornton e Elizalde estiveram reunidos em Buenos Aires no dia 31 de maio de 1864. No dia seguinte, conversaram com Mitre. Em 2 de junho, Thornton requisitou a navegação, que chegou no dia 4. Embarcaram em 5 de junho e chegaram a Montevidéu no dia 6. Uma semana desde o jantar. Depois de conversações em Montevidéu já estavam prontos para irem para o interior conversar com Flores. O governo blanco indicou Andrés Lamas e Florentino Castellanos para irem juntos na missão para o interior.

Não partiram para o interior no outro dia, como dissera Thornton no seu último despacho, mas em 12 de junho. Na viagem para encontrar Flores,[6] segundo o comunicado de Thornton para Londres de 21 de junho de 1864, perceberam que a população uruguaia queria um entendimento entre os dois grupos em luta. Aliás, quase todas as refregas políticas e guerreiras na América Latina era uma disputa entre gente da elite. O povo, preocupado com seu difícil dia a dia, não tinha muito tempo para esses embates. Muitas vezes era forçado a participar desse ou daquele lado, mas sem a convicção partidária que levavam outros interesses a essa ou aquela luta.

No dia 16 de junho de 1864, a missão de paz encontrou Flores. Elizalde e Thornton tinham ido à frente. Outros membros da missão, incluindo Saraiva, ficaram para trás. Os dois conseguiram de Flores uma suspensão das hostilidades entre os lados a partir do dia 19. Agora qualquer medida de guerra teria que ter um aviso prévio de 48 horas. Flores foi ao encontro do resto da missão, se encontraram no dia 18.

Saraiva e Thornton foram conversar com Flores para saber sua opinião e ter também seus termos para a proposta de paz. Elizalde foi conversar com os representantes blancos, Castellanos e Lamas. Flores aceitou as condições de paz, acrescentando também suas ponderações. Os emissários blancos hesitaram porque alguns dos termos excediam suas instruções. Flores defendia que o ministério blanco fosse mudado: um novo inspiraria confiança e ajudaria nas eleições que supostamente ocorreriam depois da paz estabelecida.[7]

Olhando o assunto pelo retrovisor da história dá para perceber que ele não seria resolvido ou aceito por quem estava no poder em Montevidéu. Abrir mãos de cargos e funções de mando para o adversário político não estava, e talvez ainda não esteja, no dicionário político regional. E não se falava em adversários eleitorais somente, mas em personagens que se batiam em guerras por longos anos. Havia ranços históricos que não se apagariam de uma hora para outra.

Lamas e Castellanos, apesar de moderados, sabiam disso e recusaram assinar o documento de paz que estava surgindo – somente o fizeram *ad referendum* (pendente de aprovação). Os representantes diplomáticos do Brasil, Argentina e Inglaterra pediram que Flores escrevesse uma carta a Aguirre, presidente uruguaio, falando de paz e sugerindo um encontro para conversarem sobre novas indicações ministeriais.

Com uma carta de Flores e um termo inicial de paz, os três represen-tantes diplomáticos retornam a Montevidéu no dia 21 de junho.[8] No mesmo dia, os termos do acordo foram apresentados por Lamas e Castellanos ao governo uruguaio. No dia seguinte, Elizalde, Saraiva e Thornton levaram a carta pessoal de Flores a Aguirre. O assunto todo foi discutido pelo ga-binete e também por uma dúzia de pessoas proeminentes da cidade que apoiavam os blancos. A discussão toda demorou até o dia 24. Os termos de paz foram finalmente aprovados.

O governo distribuiu uma nota aos três representantes sobre a decisão e agradeceu a atuação deles pela busca da paz. Pequenas questões ficaram para serem resolvidas. Uma delas é que a soma em dinheiro que Flores pretendia passar para o governo como dívida fosse a menor possível. Tam-bém o valor de 500 mil pesos pedido por Flores para pagar dívidas teria que ser diminuído. Assuntos que não atrapalhariam o objetivo maior ou o fim da luta entre blancos e colorados. Fala-se nisso com constância porque estava ali o foco de desequilíbrio político regional.

Na busca de uma paz que parecia iminente, os três representantes diplomáticos iriam levar a proposta final do acordo gestado entre os dife-rentes lados. Levariam também sugestão para o desarmamento da tropa e ainda para marcar uma entrevista de Flores com Aguirre a fim de conversa-rem sobre nomes que comporiam o futuro ministério.

Era junho de 1864. A região vivia momento complicado e, ao mesmo tempo, de esperança. Complicado pelas lutas entre interesses divergentes e com a esperança da tentativa de paz para os acontecimentos no Uruguai. Ações diplomáticas aconteciam de todos os lados. Uma atuação que con-traria a tese de que a área foi simplesmente manipulada pela Inglaterra para levar todos a uma guerra. Nos documentos não se encontram dados que mostrem que usaram os entreveros regionais para criar o conflito. Teria que transparecer algo de Londres para eles ou na direção inversa.

Os acontecimentos regionais não estavam fora do contexto de transfor-mações pelas quais passava o mundo. Muitas dessas mudanças foram pro-duzidas ou criadas pela própria Inglaterra, as quais acabavam empurrando povos, países e interesses em direções de conflitos. Mas seria desprezar o bom-senso dar atenção menor a fatos em evolução na própria área do Prata desde a independência e que, naquele momento, entraram em ebulição. Talvez possa ser dito que seria apequenar a história regional transferir a culpa pela Guerra do Paraguai para países e atuação de gente de fora da região.

Num despacho de Thornton para Londres de 23 de junho de 1864,[9] em resposta a uma carta de José Berges, ministro do Exterior do Paraguai, de 17 de junho do mesmo ano, se percebe como atuava o inglês. Berges informava o representante da Inglaterra que o governo uruguaio convidara Solano Lopez para ser intermediário no problema entre o Brasil e o Uruguai. O mesmo assunto no qual estavam envolvidos Saraiva, Thornton e Elizalde, o governo blanco e os rebelados colorados.

O único lado fora da tentativa de paz, o Paraguai, foi também convidado para os debates. Também esse convite à participação passava pelos ingleses, que sabiam de tudo. Se quisessem, poderiam embaralhar o jogo regional e confrontar interesses. Não se vê em nenhum documento daquele momento que fizeram algo nesse sentido.

A resposta de Thornton a Berges, em 23 de junho, foi para dizer que o governo do Paraguai deveria contribuir mesmo para a paz no Uruguai.[10] Thornton poderia, se quisesse, provocar desconforto político ou diplomático e criar confusão em terrenos diferentes. Mesmo sabendo que o Paraguai chegava tarde às andanças da diplomacia, desde 6 de junho em negociações de paz no Uruguai, ele não desestimula Berges ou outros do Paraguai para participar ou ajudar na tentativa de acordo.

Também se percebe que, mesmo sabendo do desejo paraguaio de ser partícipe nas questões do Rio da Prata, o inglês, assim como outros diplomatas do momento, não levavam em conta o pequeno Paraguai. Ninguém se assustava com suas pretensões ou desejos. Não imaginavam, nem a diplomacia inglesa, que por aquele lado pudesse surgir a tormenta que viria mais tarde.

Voltando à tentativa de paz. Saraiva, Thornton e Elizalde, ainda em Montevidéu, aguardavam um sinal de Flores para um novo encontro para levarem as supostas boas-novas de Aguirre e seu ministério. No despacho para Londres de 29 de junho de 1864,[11] Thornton escreveu que, ao esperar pelas novas conversas, eles estavam espalhando por Montevidéu a ideia da paz. Não iam para a praça pública, mas procuravam influenciar pessoas de respeito da cidade para que pressionassem os dois lados a aceitarem a proposta.

Reconheço que é ser repetitivo, mas se alguém quisesse fomentar desavenças e não buscar a paz não iria tirar o assunto do foco sigiloso das conversas e trocas diplomáticas, e levá-lo para parte da população. Assim fizeram Thornton e seus companheiros nessa empreitada. Uma "estranha" atuação para quem queria que a área pegasse fogo.

O pacifista Andrés Lamas foi indicado para atuar junto a Saraiva como intermediário.[12] Doze dias antes, em 17 de junho, Berges informara Thornton de que os blancos solicitaram a intermediação de Lopez na disputa entre o governo uruguaio e Saraiva. Agora, os mesmos blancos colocavam como homem de confiança do governo junto ao representante brasileiro o maior defensor da paz, Lamas, que não era bem-visto por Assunção. A luta entre pacifistas e falcões continuava dentro do ministério.

O despacho de Thornton para Londres do dia 5 de julho de 1864[13] mostra a disputa entre os que lutavam pela paz e os que queriam enfrentamento. Tudo isso indica um jogo político e diplomático sugestivo. O que tira, mais uma vez, a alegação de que a área era de pessoas inocentes em política ou que uma mão invisível levou essa gente para o caminho de uma guerra destrutiva.

Saraiva não se sentia bem de saúde, segundo despacho de Thornton para Londres,[14] e por isso apenas ele e Elizalde foram encontrar Flores para falar da decisão de Aguirre e seu ministério. Encontraram o chefe colorado cerca de 100 quilômetros de Montevidéu. Levavam a proposta de pacificação acordada com o governo Aguirre. Com os dois emissários foi um coronel do exército blanco, Perez.

Quando encontraram Flores, o coronel Perez pediu a ele e a seus comandados que fossem desarmados. Flores devia entregar as armas antes de continuar qualquer conversação. O inglês escreve a Londres que houve, da parte do governo uruguaio, grossa negligência ou má-fé, e que ele e Elizalde acreditavam mais na segunda hipótese. Também os termos escritos do suposto acordo de paz contrariavam o que havia sido acordado com o governo blanco. Um mal-estar geral.

Colocam-se outra vez os passos daquela negociação, como feito em parte nos ofícios de Saraiva para o Rio de Janeiro, com a intenção de se buscar nos meandros dos despachos ingleses algo que indicasse que aquele país ajudou a criar a Guerra do Paraguai. A intenção aqui foi expor o que escreveu Thornton para Londres sobre o mesmo assunto. Um assunto entre a paz e a guerra.

Trazer os despachos ingleses é também uma forma para se ter o olhar diplomático dos representantes da Inglaterra na região. O Brasil fazia sua descrição dos acontecimentos, como fez Saraiva, olhando por seu ângulo e ponto de vista. Os ingleses, observando os mesmos fatos, levantam dados e alegações com conotações próprias e peculiares.

Depois da estranha atitude do coronel Perez junto às forças de Flores, Thornton e Elizalde retornam a Montevidéu. No outro dia cedo vão conversar com Aguirre. Thornton e Elizalde não tomaram conhecimento de frases e pedidos de desculpas de Aguirre por inconvenientes menores e, para não perderem o trabalho que faziam na busca da paz, insistem com o presidente blanco para um encontro pessoal com Flores para conversar sobre a mudança ministerial.

Para "nossa grande surpresa", escreveu o inglês, Aguirre disse que nunca havia aceitado antes mudanças no seu ministério como condição para a pacificação.[15] Não levava isso em consideração e só iria encontrar com Flores depois que suas forças fossem desarmadas e desincorporadas. Se houvesse o desarmamento, ele concordaria em mudar o ministério ou renunciaria. Falou ainda, ao final, que ia consultar mais uma vez seus amigos. A guerra ficou mais perto.

A intransigência política e partidária no Uruguai é talvez a maior causadora da Guerra do Paraguai. Como todos estavam sem meios de continuar uma cansativa e cara guerra civil, se houvesse um mínimo de entendimento entre interesses antagônicos, mesmo que nenhum dos dois lados conseguisse tudo o que queria ou pedia, quem sabe a guerra que aconteceu não tivesse ocorrido? Pelo menos não naquele momento nem pelos motivos em andamento.

Pedir a Flores que primeiro desarmasse e dispersasse suas tropas, para então os blancos mudarem os nomes do ministério era uma solicitação que nunca seria aceita pelos colorados. Os blancos permaneceriam armados, seus adversários não? Era uma proposta descabida frente à situação do momento nacional.

Após o retorno de Thornton, Elizalde e Saraiva de Puntas del Rosario, quando conversaram com Venancio Flores, o presidente Aguirre, seu ministério e um número razoável de pessoas proeminentes de Montevidéu, em reunião ampliada, no dia 24 de junho, decidiram aceitar, com pequenas ressalvas, os termos da proposta de paz. Apareceu até uma nota especial para agradecer àqueles emissários.

Também a carta de Flores a Aguirre falava na mudança do ministério como uma garantia à política de paz que estava sendo gestada. Essa carta, junto com os termos da proposta de acordo entre os lados, fora levada a Aguirre e seu ministério. A alternativa de paz foi bruscamente interrompida com a nova postura dos dirigentes blancos.

Outra vez dá para especular que o lado mais radical agora se impunha sobre aqueles que falavam em paz com os colorados e visavam ao não confronto com o Brasil. Dá para especular também que alguns acreditavam nos frutos das conversas no Paraguai e de confronto com os dois vizinhos maiores. Andrés Lamas, depois do fracasso final da tentativa de paz, escreveu de Buenos Aires uma longa carta a Aguirre acusando-o de sacrificar a paz e o povo uruguaio por causa do jogo político-partidário.

No comunicado a Londres de 5 de julho de 1864,[16] depois da negativa de mudar o ministério, Thornton relata que mandou emissário informar Flores sobre o novo quadro político. O comandante colorado falou que reiniciaria o conflito armado em 48 horas.

Mesmo com a interrupção abrupta do caminho da paz, os três representantes tentavam convencer Aguirre da mudança no ministério. Em nome dos outros dois, Thornton foi sozinho conversar com Aguirre porque "ele parece que tem mais confiança em mim como um homem imparcial do que neles".[17] Não é difícil aceitar que os blancos acreditassem mais no inglês do que nos representantes dos dois indigestos vizinhos.

Thornton, na conversa com Aguirre, tentou de toda forma convencê-lo. Até com ameaças. Disse ao presidente que Elizalde e Saraiva poderiam até propor aos seus governos uma intervenção conjunta no Uruguai. Aguirre disse que aceitar a mudança no ministério seria uma imposição e vitória de Flores.

Thornton propôs ainda que Aguirre indicasse nomes de pessoas moderadas e, nesse caso, ninguém poderia acusá-lo de aceitar indicações de Flores. Se fizesse pelo menos isso, os três emissários convenceriam Flores a aceitar a pequena mudança. Aguirre não concordou com nenhum argumento de mudança ou alteração no seu ministério.[18]

No dia seguinte ao encontro de Aguirre e Thornton, Lamas e Castellanos fizeram uma visita aos três representantes. O momento era importante, uma conciliação acalmaria os ânimos no Prata. Se a diplomacia falhasse, já se poderia ouvir o rufar de tambores de guerra. Os dois emissários blancos informaram aos três que o presidente Aguirre insistia primeiro no desarmamento e só depois haveria mudança no ministério. Uma conversa mais aprofundada somente após desarmá-los. Se não fosse assim poderia até haver uma revolução na cidade, pois muita gente, não só do ministério, não confiava nos colorados.

Há uma carta de W. G. Lettsom para Londres de Montevidéu, em 20 de dezembro de 1864,[19] com o conflito já em andamento, em que não se confirma (em parte) essa participação e preocupação popular para o lado blanco (nem para o colorado), como dito por Lamas e Castellanos. No caso, como em tantos outros na América Latina, era uma luta de elite, o povo era quase indiferente.

Conta Lettsom que os dirigentes blancos promoveram um ato público de "indignação nacional" contra o Brasil. Seriam queimados em praça pública todos os tratados anteriores entre o Uruguai e o Brasil. Estavam presentes o presidente e seu ministério, e o ato havia sido marcado para um domingo, "dia mais fácil para juntar gente". Informa o inglês que nunca antes presenciara um ato de tamanho fiasco. Não havia, escreve, nem 300 pessoas e que muitos, incluindo ele, estavam ali mais por curiosidade.

Aquele argumento de que haveria uma revolução na cidade se fossem aceitos os termos de Flores de mudança no ministério era, mais uma vez, de interesse da elite dirigente daquele momento no Uruguai. Ela estava com receio de que outro grupo tomasse o poder, de perder privilégios ou até mesmo de sofrer retaliações mais fortes por atos praticados contra o adversário político. O povo participava muito pouco dessas desavenças entre grupos dirigentes.

Na conversa entre os três representantes, Lamas e Castellanos, Saraiva disse que ninguém confiava mais em Aguirre, que ele não tinha força para cumprir suas promessas. A sugestão de Aguirre de desarmar Flores não tinha sentido. Ele não faria isso, a menos que houvesse, por parte dos blancos, atitudes conciliadoras, incluindo as alterações no ministério. Saraiva pedia a presença de pessoas moderadas no ministério e que ficassem até as eleições. Disse ainda que, com apoio do seu país, mandaria tropas para o Uruguai para dar suporte ao governo. Elizalde falou que seu governo concordava com esse ato.

A Argentina concordar que o Brasil mandasse tropas militares a um país que ficava perto do seu território era uma mudança enorme nos assuntos do Prata. No passado isso havia sido motivo de acrimônias e desentendimentos na região. Agora, para tentar uma difícil paz no Uruguai, aceita-se até que o Brasil se fizesse presente ali. Lamas e Castellanos voltaram a Aguirre com a nova proposta.

Thornton, em 8 de julho de 1864, enviou outro longo despacho para Londres.[20] Escreveu que pouco depois de ter enviado a mensagem anterior – aquela que falava da proposta de Saraiva que Lamas e Castellanos foram levar ao presidente –, os três representantes receberam a notícia de que o presidente, afinal, resolvera mudar seu ministério. Aguirre mandou dizer que estava cansado e que tiraria um dia de folga, mas que no dia 7 falaria com os três repressentes para definir nomes que comporiam o novo ministério sem risco de rejeição por Flores. Essa informação dirigida a eles é do dia 5 de julho.

No dia 6, à tarde, um dia antes da agendada conversa com Aguirre, ocorreu uma reunião de pessoas da sociedade local que, segundo o inglês, estavam a favor de "uma política de guerra". Criaram uma comissão para dizer a Aguirre para não aceitar pressão de Flores ou de "agentes estrangeiros" sobre a mudança no ministério.

O representante britânico acreditava que a pressão fizera Aguirre, "que é um homem fraco", recuar mais uma vez. No dia 7, como marcado, os três representantes estrangeiros foram conversar com Aguirre. Lá chegando, em vez de discutirem juntos os nomes de pessoas para o novo ministério, como informara Lamas e Castellanos no dia 5, o presidente tinha uma lista pronta. O novo gabinete "proposto pelo presidente estava composto de homens que eram conhecidos por suas violentas oposições ao partido comandado pelo general Flores e que tinham dado suporte ativo na guerra contra ele".[21]

A mudança foi feita para o lado mais radical. Os três insistem com Aguirre que Flores não iria aceitar essa nova posição, e que o grupo escolhido para o ministério não tinha condições de conciliar a nação. Propuseram vários nomes de pessoas moderadas, para o presidente indicar "pelo menos uma delas", assim garantiriam fazer Flores concordar.

Talvez possa ser arguido também que os blancos devem ter inferido que, se Flores insistia na paz e aceitava quase tudo que eles propunham, é porque talvez estivesse fraco militarmente. Daí sua busca pela paz usando os agentes estrangeiros. Se estava fraco, deduz-se, seria melhor aniquilá-lo de uma vez do que buscar conciliação quase impossível frente ao estilo de se fazer política na época.

Ou, numa outra hipótese, que aquela modificação ministerial poderia beneficiar o Brasil. Herrera, em 9 de agosto de 1864, em um parágrafo de sua longa resposta à intimação de Saraiva do dia 4 do mesmo mês, escreveu que não houve mudança no ministério porque o governo blanco não aceitou os nomes dos candidatos apresentados por Saraiva "com o apoio de seus colegas". Que aquilo não era uma proposta de Flores, mas de garantia para o Brasil.[22] Thornton escreveu que chegaram a sugerir os nomes dos moderados Lamas e Castellanos para o ministério. Aguirre não aceitou nenhuma indicação.

Diante do impasse, Saraiva, Elizalde e Thornton informam ao presidente que, a partir dali, estavam fora do processo de paz.[23] Thornton e Elizalde retornam a Buenos Aires. Lamas também foi junto. Saraiva ficou ainda em Montevidéu e partiu para Buenos Aires dois dias depois dos outros.

Thornton culpa o governo blanco pelo insucesso da tentativa de paz. Achava estranha a atitude de Aguirre em dizer que a mudança no ministério tinha sido uma pretensão posterior de Flores. A pressão do grupo mais radical do partido venceu a disputa interna. O fracasso na negociação conciliadora, associado às pretensões regionais de Solano Lopez, fizeram soar os tambores de guerra. A luta civil no Uruguai será o motivo imediato da Guerra do Paraguai. Os fatos e desavenças anteriores estavam ali. Faltava um fato para empurrar a região para o confronto. O conflito civil entre blancos e colorados preencheu a lacuna. A busca pela paz fracassara.

Nos despachos diplomáticos ingleses do período se observa como o representante da Inglaterra trabalhou pela conciliação. Não se encontra também nenhuma correspondência vinda de Londres que mostrasse uma Inglaterra contra a tentativa de paz de Thornton e Lettsom. O próximo capítulo ajudará a entender um pouco mais esse ponto. Se houvesse algo estranho ou de incentivo a uma luta regional, nos despachos de um lado para outro teria aparecido uma informação qualquer de que foi a Inglaterra que insuflou a região para o conflito armado.

As desavenças eram regionais, os interesses conflitantes estavam aqui e não fora da geografia local. Fica estranho ainda hoje culpar a Inglaterra pelo que aconteceu entre 1864-1870 no Prata. Não se está dizendo que os ingleses eram santos em política internacional. Era a época do expansionismo, de disputas por lugares e mercados e, nessa busca mundial, aquele país praticou atos de guerra e imperialismo. Não se está dizendo também que a Inglaterra estava abrindo mão de sua presença econômica na região.

O que se pontua é que não se encontram dados concretos que mostrem que a Inglaterra provocou a Guerra do Paraguai. E que assim fez para impedir o desenvolvimento autônomo do Paraguai. Ou que este país escapava de seu domínio e criava uma vertente nova e independente de ação que não coadunava com os interesses britânicos.

O que chama a atenção é como se aceitou e ainda se aceita regionalmente que um país pequeno, mediterrâneo, com cerca de 400 mil habitantes, com pouco contato com o exterior por causa da política de isolamento criada por presidentes locais, como Gaspar Rodrigues de Francia e Carlos Antonio Lopez, tivesse desenvolvido, em pouco tempo, meios técnicos, militares e financeiros que infundissem receio à maior potência militar e econômica do mundo.

Para esse suposto enfrentamento, o Paraguai teria que ter capital para criar indústria. Isolado como estava, com pouco comércio externo, não havia esse acúmulo de capital. Mesmo que houvesse, possivelmente teria que comprar da Inglaterra ou de outro país da Europa a tecnologia necessária para criar indústrias. Não havia tecnologia própria. Não havia carvão mineral para fazer fornos e fábricas funcionarem. Não havia mercado interno comprador para os produtos que seriam produzidos ali. Seriam então vendidos na região? Certo ou errado, era mais fácil comprar da Inglaterra que, usando as técnicas do capitalismo, até financiava os compradores de seus produtos. Era, portanto, uma competição desproporcional entre o Paraguai e a Inglaterra da época.

Vivia-se no Paraguai, na tese conhecida, numa sociedade "socialista", em que o Estado era o provedor. Um modelo que seria difícil os outros países da área seguir. Foi esse o ponto de vista dominante: aquilo que se fazia no Paraguai poderia irradiar para outros lugares e a Inglaterra perderia o controle da região. Assemelha-se com um ponto de vista recente sobre o motivo do bloqueio norte-americano a Cuba que ele foi feito não por motivos econômicos ou políticos, mas para colocar uma cerca na ilha para que o modelo cubano não se espalhasse pela América Latina.

A Inglaterra ganharia mais dinheiro com a venda de produtos numa região em paz ou em guerra? Em guerra venderia armas, e nem era para todos os países. Alguns, como o próprio Uruguai e quiçá o Paraguai, tinham poucos recursos para isso. Vender utensílios de cozinha, produtos têxteis, de couro, barcos, armas comuns, bebidas, comidas e tantos outros para todos da região talvez fosse mais lucrativo do que ter esse comércio interrompido por uma guerra. Depois dela os países estariam mais pobres e endividados e comprariam menos do grande bazar que era a Inglaterra. Mas prosperou, durante e até depois da Guerra Fria, a ideia de que a Inglaterra resolvera sumir com o Paraguai do mapa sul-americano e, para isso, manipulou Brasil, Argentina e Uruguai.

Voltando aos despachos diplomáticos ingleses naquele trepidante momento regional. Thornton manda outro para Londres, em 12 de julho de 1864.[24] Informou que Saraiva chegara a Buenos Aires no dia 10 com uma carta de apresentação do Imperador do Brasil para o presidente da Argentina. O representante do Brasil teve longo encontro com Mitre no dia 11 – Thornton participou dele junto com membros do governo argentino. A conversa era para saber qual rumo tomar no Uruguai depois de fracassar a tentativa de paz.

Saraiva queria que Brasil e Argentina interviessem naquele país por um período limitado, obrigassem os combatentes a deporem as armas, presidissem as eleições e, se solicitados, dessem apoio ao governo que fosse eleito. Elizalde apoiou a proposta, Mitre não. O presidente argentino dizia que a recusa dos blancos à paz não dava direito de outro país intervir no Uruguai. Ressaltou, porém, que reconhecia o direito do Brasil em suas reivindicações.

Também arguiu que uma intervenção colocaria um dos partidos uruguaios no poder e, a partir daí, qualquer erro cometido recairia sobre os interventores. Era difícil para ele justificar uma intervenção no Uruguai ao povo argentino. E, pior, ao lado do Brasil, pressupostamente mais inimigo do que o Uruguai.

Mas não desestimulou a intenção brasileira de uma intervenção, desde que fosse respeitada a independência do Uruguai. Era como se dissesse: pode intervir, derrube os adversários blancos e coloque no poder o amigo colorado, Venancio Flores. Feito isso, voltem para casa. Nada de uma presença longa ou definitiva de brasileiros perto da Argentina.

Continuava a conversa no gabinete de Mitre, mostra Thornton em seu despacho para Londres.[25] Saraiva disse que o Brasil estava interferindo demais nos assuntos do Prata, e que uma intervenção no Uruguai deveria contar com o apoio da Argentina. Disse ainda que recomendaria ao seu governo a ocupação da parte norte do Uruguai, fronteira com o Brasil, para proteger interesses dos brasileiros dali.

Thornton, ao interpretar a reunião para o *Foreign Office*, escreveu que não acreditava que os argentinos ajudariam o Brasil na intervenção no Uruguai. Davam um pequeno apoio ao país, no entanto, com o domínio da ilha de Martin Garcia que, aliás, já vinham fazendo desde algum tempo e que os blancos diziam que era dali que partia a ajuda ao colorado Venancio Flores.

Os diplomatas ingleses participavam de perto dos acontecimentos regionais. Eram convidados até para reuniões como aquela no gabinete de Mitre. Os diplomatas britânicos estavam ligados aos assuntos do Prata. Falavam e liam espanhol, traduziam documentos para o inglês e os mandavam para Londres. Não faziam atos de espionagem clássica e para ter certas informações teriam que buscá-las por outros meios. Os próprios países da área convidavam os ingleses a reuniões ou mandavam documentos sobre o que ocorria na região. Podem alguns interpretar isso como intromissão indevida. Mas, outra vez, o ponto para consideração é que não se encontram dados e documentos que indiquem que houve uma maquinação dos ingleses para destruir o Paraguai.

Outros fatos mostram que os ingleses, mesmo através de outros agentes diplomáticos, não atrapalharam nenhuma tentativa de paz para a conflagrada área. Depois que o Brasil deu o ultimato ao governo blanco em agosto de 1864, como exemplo, Atanásio Aguirre autorizou o representante diplomático italiano, Barbolani, a procurar Flores para falar em suposta mudança no seu ministério. Thornton, em mensagem para Londres em 11 de agosto de 1864,[26] escreve que incentivou Barbolani a ir em frente com a proposta e ainda tentar a paz. Saraiva havia recebido novas instruções do Brasil. Barbolani pediu um tempo a ele até que falasse com Flores. Também essa tentativa, com os ruídos da guerra já sendo ouvidos, não deu certo.

O representante inglês nem mesmo se pôs contra à intervenção de outro país europeu na tentativa de paz. Poderia, se interesses britânicos fossem atropelados, arrumar um jeito de torpedear a ação de Barbolani. Não o fez. Uma demonstração de que queria a paz na área e para isso acontecer teria que ver terminada a guerra civil no Uruguai. Aliás, toda diplomacia de qualquer país em atividade no Uruguai também achava que o que estava azedando as relações regionais era aquele assunto. Um dado até pouco usado quando se fala nos antecedentes da Guerra do Paraguai. O caminho regional foi colocar a culpa numa potência de fora.

Mais um caso. Nas correspondências diplomáticas inglesas aparecem alguns comentários sobre Antonio de las Carreras, figura principal do ministério Aguirre. Foi ele o vencedor da disputa interna no Partido Blanco. Foi ele o principal nome a impor vontade ao presidente uruguaio. Carreras queria autonomia para o seu país. Via no confronto com o Brasil e a Argentina, com apoio do Paraguai, um meio de resolver pendências antigas e desgastantes. Não queria mais a tutela de um ou do outro, como vinha ocorrendo na história do Uruguai. Os britânicos olhavam para ele de forma desconfiada.

Lettsom, em 21 de outubro de 1864,[27] dizia para Earl Russell, ministro das Relações Exteriores da Inglaterra, depois que fracassou a tentativa de paz, que conversara com Antonio de las Carreras sobre o começo das hostilidades do Brasil no Uruguai contra o governo blanco, e que aquilo poderia chegar a uma declaração de guerra. Carrera concordava com a opinião e disse que seria até melhor do que ficar na situação em que estavam.

Lettsom, o representante inglês em Montevidéu, escreveu outra vez sobre o homem forte do governo blanco em 28 de outubro de 1864.[28] Diz acreditar ainda na conciliação, mas que "o grande obstáculo para a paz é a presença de Antonio de las Carreras no ministério". Aliás, continua, o ministério é ele, pois controla as pastas de Assuntos Externos, Interior, Finanças, Exército e Marinha. Aguirre transformou-se em prisioneiro dele.

Um dia os representantes navais da Inglaterra e da França, que também lutavam pela paz, foram a Aguirre para mostrar-lhe que, do ponto de vista militar, Montevidéu não tinha defesa contra os ataques brasileiros. Aguirre, com Antonio de las Carreras funcionando como tradutor, recusou aceitar qualquer argumento. O militar inglês disse a Lettsom mais tarde que Carreras, ao traduzir para Aguirre, omitia partes da conversação. Se os ingleses quisessem mesmo pôr fogo na área, talvez o caminho mais adequado fosse se aproximar de Carreras, incentivá-lo a fazer o que queria e não buscar gentes e personagens, seja de que lado fosse, para tentar a paz.

Carreras, já com seu país sendo invadido pelo Brasil, foi designado representante dos blancos em Assunção. Não voltaria mais ao Uruguai. Ele sabia que, se voltasse, seria oferecer o pescoço ao inimigo. Ele foi um dos responsáveis pelo massacre de gente do Partido Colorado em Quinteros. Carreras morreu acompanhando Solano Lopez em sua fuga do exército brasileiro pelo interior do Paraguai.

Como já destacado, os representantes navais da Inglaterra e da França foram juntos falar com o governo uruguaio. Duas das maiores potências da época e rivais comerciais. Se a Inglaterra estivesse esticando a corda para o lado guerreiro, os representantes franceses perceberiam. Se percebessem, iriam colaborar ou alertar outros países sobre a movimentação dos ingleses? Há algum documento francês que mostra essa tal maquinação inglesa? Ou dos representantes italiano ou o alemão no Rio da Prata mandando informação para seus respectivos governos falando nessa atitude inglesa?

Retorna-se aos fatos anteriores à guerra. A intenção é escarafunchar ainda mais os documentos ingleses. José Saraiva, nas conversas em Buenos Aires, sentindo que Argentina e a Inglaterra não se oporiam a uma intervenção brasileira no Uruguai, retornou a Montevidéu. No dia 4 de agosto de 1864 apresentou a Juan José de Herrera uma longa nota com reclamações, em forma de ultimato, do governo do Brasil contra os blancos.

A nota dele e a resposta do ministro uruguaio são uma aula sobre a situação no Prata. As duas são extraídas das correspondências diplomáticas dos ingleses. Foram feitas traduções delas e enviadas a Londres.[29] A intenção foi vasculhar ali também para ver se havia algo de estranho ou secreto por parte dos representantes ingleses ou do *Foreign Office* sobre o momentoso assunto do Prata. O que há é uma vigilância diplomática das andanças políticas da área. Uma ação normal de qualquer diplomacia. Chamam a atenção os termos e o conteúdo do documento de Saraiva a Herrera e a resposta deste a Saraiva.

Saraiva acusa o governo uruguaio por roubos e assassinatos em território brasileiro desde 1852. Acusa também que um dos mandantes, sem citar o nome, é agente do governo, que não houve punição alguma e que há ainda "escandalosas sentenças dos juízes". Fala em indiferença do Governo Oriental em resolver a situação e que se protege delinquentes e também as autoridades que lhes dão guarida. A situação se agravou com a guerra civil que por quase 15 meses tem mantido o caos no interior do país. O governo não tem condições de terminar com a luta e proteger os estrangeiros em seu território.[30]

Não era somente na fronteira, acusa Saraiva, que estariam acontecendo tais atos. A perseguição a brasileiros também ocorria no território uruguaio, onde talvez eles fossem um quarto do total da população daquele país. Declara que suas propriedades estavam sendo sistematicamente devastadas.[31]

Escreve que aquele seria o "último apelo amigável" para o governo uruguaio. Relembra ao ministro do Uruguai que já fizera pedido idêntico em nota a ele de 18 de maio. Reclama que a imprensa uruguaia continua a atacar o Brasil e a política do Império.[32] Saraiva enfatiza a negligência do governo blanco em proteger os brasileiros no Uruguai.

Defende a qualidade do seu governo que sempre estava acima das paixões e interesses partidários e que, diferentemente, dividia a República Uruguaia. A todo o momento Saraiva se refere à luta intestina entre partidos e faz menções que não existe isso no Brasil imperial.

A luta partidária entre blancos e colorados era aguda mesmo. Os lados políticos não se entendiam, o campo de batalha tinha sido o recurso encontrado para quem estivesse fora do poder para resolver situações políticas. Como no Brasil isso não ocorria com essa intensidade e constância, Saraiva procurava dar aulas de comportamento político ao complicado vizinho.

Ele quer que o governo uruguaio garanta os brasileiros que residem ali. Saraiva não era nenhum inocente para achar que os blancos tinham condições de proteger brasileiros ou quaisquer outros estrangeiros naquele momento. O país estava em guerra civil aberta, leis e normas não eram cumpridas. Ao fazer pedidos daquele porte devia saber antecipadamente que não poderia ser atendido. A nota aos uruguaios, nos termos apresentados, talvez fosse para tentar constrangê-los.

Saraiva ataca também a imprensa do país vizinho. Ele a chama de imprensa oficial que cria casos fantásticos e leva a opinião pública a acreditar que a culpa é do governo imperial. Acusa ainda que não há imprensa no país que critique o atual governo. O enviado brasileiro diz que está usando linguagem moderada para não atrapalhar o diálogo necessário para manter essa discussão.[33]

Apresenta então suas demandas.[34]

1. Que o governo uruguaio puna efetivamente, se não todos, pelo menos aqueles reconhecidos criminosos que estão impunes, alguns deles ocupando postos no exército do país ou até mesmo nos serviços públicos.

2. Que os agentes policiais que abusaram da autoridade que estavam investidos sejam imediatamente demitidos e sejam responsabilizados por seus atos.

3. Que seja feita indenização nas propriedades dos brasileiros que, sob qualquer pretexto, tenham sofrido danos por parte das autoridades civis ou militares.

4. Que todos os brasileiros forçados ao serviço militar sejam liberados.

5. Que o governo uruguaio distribuísse instruções, "dando a elas a maior publicidade", para membros do governo em que condena os escândalos e ações que tenham sofrido os brasileiros. Insiste que esses agentes executem com presteza as leis da República em favor das demandas que quase impunha ao governo blanco. Quer que o governo use as leis existentes no país para garantir o que pede.

6. Saraiva ainda alude a uma reclamação do governo do seu país sobre guardar vidas e propriedade dos brasileiros no Uruguai de muitos anos antes. Ele fala de uma nota enviada àquele governo de 3 de dezembro de 1857.

7. E pede, por fim, que sejam cumpridas todas as demandas pelos meios que fossem necessários. Podia ser linguagem moderada, como dizia Saraiva, mas de uma dureza nas demandas que beirava ao delírio. Como é que um país conflagrado, em aberta guerra civil, cercado pela hostilidade do Brasil e da Argentina, sonhando somente com um distante apoio do Paraguai, poderia garantir ordem e leis internas? Garantir propriedades e gentes de outros países? E de um país que os blancos acreditavam que estava do lado do adversário político em guerra civil.

Continua a dura nota do governo brasileiro para o do Uruguai. Saraiva escreveu que, ao responder a nota dele de 18 de maio, através da nota uruguaia de 25 do mesmo mês, aquele governo não aceitou as acusações feitas pelo enviado brasileiro e ainda teve a petulância, na opinião de Saraiva, de acusar o governo do Império de estar por trás dos atos que ocorriam no seu país. Mostra-se afrontado o representante do Brasil com tal acusação. Argui que, em vez de resolver as queixas do governo imperial, ficou ao lado da "acusação vulgar" da imprensa que dizia que a culpa pelo que estava acontecendo no país era da Argentina e do Brasil.[35]

Como é que pode, continua Saraiva, acreditar que os vizinhos é que tinham criado aquela situação própria do país. Mortes, guerra civil, desobediência às leis internas, banimentos de pessoas, luta apaixonada de partidos, tudo isso era criação dos uruguaios e não de brasileiros e argentinos. Que aquilo seria uma maneira de o Governo Oriental fugir de suas responsabilidades em garantir no seu território a vida e as propriedades dos brasileiros. Ou seja, as acusações eram para desviar a atenção dos problemas que eles deveriam resolver.

Diz Saraiva que inclusive o ministro da Guerra, general Diego Lamas, devastou e até mesmo pôs fogo em propriedades de brasileiros com o argumento "fútil de que eles seriam simpáticos com os rebeldes".[36]

Diz ainda que brasileiros estavam se alistando nas tropas de Venancio Flores porque muitos deles tinham sido vítimas de atrocidades praticadas pelo governo blanco, e que o lado militar do governo estava alistando brasileiros à força em suas fileiras.[37]

Saraiva chama a atenção de Herrera para uma nota diplomática em que o governo uruguaio se mostrava grato pelo esforço do governo imperial em impedir a participação de brasileiros na luta uruguaia. Ele argumenta que essa participação nunca teria ocorrido se o governo do país tivesse defendido os interesses desses brasileiros. Eles estavam em armas com o outro lado como única forma de se defender das atrocidades que estavam sendo vítimas e pela falta de proteção das autoridades. Não concorda que o governo imperial está por trás da rebelião de Flores e diz ainda que o governo da República "é vítima da mais inexplicável alucinação".[38]

Concorde-se com Saraiva ou não, aceite seus argumentos ou não, o que chama atenção é a esgrima diplomática colocada entre os litigantes. A seguir vamos ver a resposta de Herrera para Saraiva. Vê-se que o Prata estava em ebulição fazia tempo. Vê-se que, para os padrões da época, os contendores não eram desqualificados para o jogo de palavras diplomáticas. Mostra-se estranho o argumento, sem uma análise mais acurada de lados e interesses, em apontar o dedo para qualquer outro país pelo que estava ocorrendo na região.

Saraiva, depois de historiar os acontecimentos e tentar tirar as acusações contra o Brasil, passa à segunda parte de sua nota ao ministro uruguaio. Diz que não encerraria a negociação antes de esgotar todos os meios possíveis para conseguir a conciliação. Ele sabe que o problema regional era a guerra civil no Uruguai. Pede ao governo local que tente sufocá-la. Alega que ele tem meios para isso. O governo, com as forças que tem, se quisesse, poderia pôr fim àquele conflito interno, e se não conseguisse era porque havia um perigo para a nação, era "uma política fatal".

O conselheiro pontua que espera ansiosamente que o governo da República reflita sobre a gravidade da situação e das suas responsabilidades. Restaurar a paz seria o caminho melhor para todos. Saraiva e todos que participavam daquele momento sabiam disso, o bom-senso recomendava aceitar que esse era o grande mal da região. Mas era quase impossível conseguir a paz no Uruguai. Primeiro, pelo estado em que se encontrava o país. Segundo, pela tentativa de aproximação com o Paraguai ou um enfrentamento entre países diferentes na área.

Saraiva, na continuação de sua nota, diz que a Argentina, apesar da distância política que a separa do governo blanco e de estar até de relações diplomáticas cortadas com o Uruguai,[39] também tentou a paz na região. Discorre pelas investidas dele, de Elizalde e de Thornton. Usa palavras altamente elogiosas para os governos argentino e inglês e seus representantes diplomáticos. Não são as mesmas, se lidas com cuidado, que se dirigia ao governo blanco. Fala em governos esclarecidos, pessoas de posição superior que representam com alta dignidade seus governos.[40]

Escreve que, apesar do fracasso da missão deles, ele estava orgulhoso de ter tentado a paz com aqueles dois outros personagens. Que fizeram sinceros esforços para conseguir a conciliação interna, a despeito da injusta atuação da "imprensa oficial" contra a ação deles. Diz que a paz não foi conseguida porque o presidente do Uruguai recusou aceitar as condições de Venancio Flores expressadas em carta enviada a ele, em especial ao pedido para trocar o ministério. Com essa recusa, matou-se a tentativa de paz de Saraiva, Elizalde e Thornton.

Saraiva diz para Herrera, mais uma vez, que não tinha fundamento as acusações contra o Brasil e a Argentina ou a de que esses países que estavam por trás dos acontecimentos no Uruguai. Como estariam, argumenta

Saraiva, se eles tentaram por todos os meios uma solução pacífica para o conflito no país? Se não estivessem imbuídos do espírito de paz deixariam a República do Uruguai tentar resolver seus próprios problemas.[41]

Tenta descaracterizar as acusações de que o Brasil e a Argentina queriam que o Uruguai pegasse fogo. Diz que a guerra civil tirava a tranquilidade do Brasil, feria os interesses dos países vizinhos, que só teriam suas demandas resolvidas se houvesse ordem no Uruguai. Já que não havia condições para a paz, e que sem ela não se garante a vida dos brasileiros no país e suas propriedades, Saraiva escreveu na sua nota que agora deveria cumprir as ordens do seu governo. Passa a ser mais direto ainda e sem meios-termos.

Escreve que, "estou notificando vossa excelência com o último apelo amigo" para solicitar que se cumpra o que a sua nota de 18 de maio pedia ao governo blanco. Se "dentro de seis dias, a partir desta data, o governo oriental não satisfazer os pedidos do governo imperial" [42] – que não aguentava mais reclamar do tratamento que sofrem seus patrícios neste país – "eu estou autorizado a dizer a vossa excelência o seguinte: que o Exército brasileiro, já estacionado na fronteira, receberá ordens para usar qualquer força ou violência" para proteger os brasileiros e seus interesses no Uruguai porque este governo não está dando essas garantias.

Informa que o almirante, Barão de Tamandaré, com sua esquadra, receberia as mesmas ordens para proteger da mesma forma os interesses dos brasileiros. Note-se que ele não fala em invadir e derrubar o Governo Oriental. Afirma que as forças seriam para proteger os brasileiros no país, já que o governo dali não o fazia. Diz claramente isso: que as medidas para "garantir os direitos de meus patrícios" não são um ato de guerra. Ele espera que o governo vizinho, frente à situação, evite lamentáveis ocorrências que possam vir e, se vierem, a culpa seria "exclusiva daquele governo". Volta a acusar a imprensa de incitar as autoridades e as pessoas comuns contra os brasileiros.[43]

Juan José de Herrera respondeu ao documento de Saraiva no dia 9 de agosto de 1864.[44] É uma aula em altivez. Escreveu que recebeu a nota dele no dia 4 de agosto, às 10 horas da manhã. Continua-se nos documentos ingleses.

Herrera fez, como Saraiva, uma recapitulação das negociações comentadas por ele e já parte para o ataque. Diz que simultaneamente com a missão de Saraiva, o seu governo teve conhecimento da preparação de força por terra e mar aprestada pelo Império para dar suporte à missão dele. Que naquele momento era o assunto mais grave entre os dois governos, tanto que Saraiva deveria fazer "o último apelo amigo" ao Governo Oriental.

Herrera acredita que o que mudou essa relação de aparente amizade foram os debates na Câmara dos Deputados no Rio de Janeiro. Ali se empurrou o Brasil para atuar de forma diferente com o vizinho mais ao sul. Frente à nova situação, escreve Herrera, o embaixador da Argentina no Rio de Janeiro pedira explicação ao governo do Imperador. Que, ao saber das notícias, o governo uruguaio também solicitou explicações ao representante do Brasil em Montevidéu sobre essa preparação de força militar com objetivo específico sobre o Uruguai, e que o embaixador brasileiro, Loureiro, manteve absoluto silêncio sobre o assunto.[45] Não obtendo resposta, o governo do país mandou uma nota pedindo explicações no dia 16 de maio daquele ano.

O altivo governo uruguaio continua no ataque na resposta para Saraiva. Diz que

> os elementos chefes da rebelião comandada por Dom Venancio Flores, eram antes, como eram agora, brasileiros, considerados pelo ministro das Relações do governo de Sua Majestade Imperial como o primeiro contingente da invasão e que no Parlamento brasileiro o número apresentado, sem contradição, era de cerca de dois mil deles.[46]

Reporta à nota de Saraiva de 18 de maio, em que o enviado brasileiro apresenta enorme lista de reclamações por fatos ocorridos desde 1852, todos antes da guerra civil em andamento e antes da atual administração do país.[47] Herrera reclama que ir buscar fatos na história do relacionamento entre os dois países para justificar que os brasileiros estavam sofrendo problemas no Uruguai era não lembrar que governos sucederam governos, querendo dizer que nem sempre foram os blancos que governaram o país. Os colorados, em armas no interior, também governaram nesse período. E esses brasileiros hoje, sob ordem de Venancio Flores, "invadiram a República".

Pausa para, outra vez, arguir como estava trepidante a situação no Prata e como se movimentava a diplomacia da região em torno dos assuntos. Querer imputar a potências estrangeiras a culpa pelos acontecimentos regionais é aceitar que a região era incompetente até mesmo para criar uma guerra, que ela só poderia ser criada por gente de outros lugares. Quando se lê documentos como esses trocados entre Brasil e os blancos, se percebe como estava tensa a situação local e como se posicionou cada contendor no tabuleiro do xadrez político da região. E mais uma vez mostra como os ingleses estavam por dentro do que ocorria na área. Como já dito, as notas de Saraiva e de Herrera foram retiradas de despachos diplomáticos dos representantes ingleses.

Herrera diz que já havia uma decisão do governo do seu país em dar atenção a todas as reclamações que tivessem fundamentos no direito, e que havia decisão em proteger os interesses da população brasileira residente no território uruguaio. Ao fazer isso, o governo "não considera que esteja fazendo concessões para o Império vizinho; o que se faz é um ato de justiça ou um ato no próprio interesse deste governo".[48]

Insiste em dizer que o governo dará garantia a todos que lá residem e que não se sente ofendido pelas reações, se justas, do governo do Brasil. Estariam dispostos a punir quem quer que fosse, se as reclamações do Brasil fossem "acompanhadas de provas de cumplicidade" de qualquer autoridade local. Ou seja, o Brasil tinha o direito de reclamar, de apontar o dedo para casos e autoridades que estavam sendo lenientes com os problemas que sofriam os brasileiros lá, mas pediam que, ao acusar, se mostrassem provas para que eles, então, punissem os responsáveis, pois não seria nenhuma "desgraça proceder desse modo".

Desgraça, diz Herrera, seria um governo tolerar abusos contra o direito dos outros. Tudo isso foi recapitulado para Saraiva sobre o que ele escrevera antes a respeito do mesmo assunto. Agora Herrera entra no caso presente e passa a responder de forma mais direta à nota de Saraiva.

Escreve que a situação do seu país é complicada e, para ajudar nisso, menciona mais uma vez, havia o recrutamento de brasileiros na fronteira. Frente à situação interna não seria razoável atender com urgência às reclamações do Brasil.[49] Reclama que houve uma mudança súbita nas relações entre os dois países pelo lado brasileiro. Antes havia conversas, notas, reclamações, mas agora o país ameaçava invasão. Queixa ainda Herrera, que após 12 anos de sucessivas administrações no país, em que houve acidentes com brasileiros, somente agora o Brasil pede extrema satisfação. Por que só agora haveria essa ação maior?

Do jeito que se mostrava a situação, a invasão do Brasil estava do lado da lei e o seu país é que era o criminoso. Ou o Governo Oriental satisfazia as reclamações do Brasil ou a invasão estaria justificada, escreveu. Mais absurdo ainda é que poderia estabelecer uma regra para o futuro e que seria perigoso para seu país. Que bandos de brasileiros da fronteira poderiam, em outra circunstância, inventar outro pretexto e depois pedirem apoio da diplomacia brasileira para resolver a pendência. Se isso ocorresse, eles perderiam o princípio da autoridade.

Insiste em dizer que frente à atual situação interna do país não seria possível naquele momento satisfazer as demandas do Brasil. De forma inteligente acusa o país pela situação ao dizer que, se os brasileiros que acompanham Venancio Flores fossem desarmados, a situação se acalmaria e seria mais fácil resolver as reclamações "dentro da esfera do direito".[50] Mostra que o próprio José Saraiva dissera em notas anteriores que a pacificação do país era fundamental para a paz interna e regional.

Escreveu ainda que o mesmo Saraiva, além de Thornton e Elizalde haviam tentado a paz entre os blancos e os colorados. Sabiam que a paz era a base para se ter ordem e para que se pudesse satisfazer as demandas do Brasil. Satisfazer tais demandas naquele momento, de forma urgente, com força militar já se deslocando para a fronteira, era, do seu ponto de vista, uma demanda impossível. Herrera estava usando os mesmos argumentos do representante do Brasil, ou seja, com a paz se resolveriam as pendências e reclamações dos brasileiros residentes no país vizinho.

Herrera se refere agora à tentativa de paz que fracassara. Mostra que seu governo aceitou as demandas dos negociadores. Chegou até a substituir um dos indicados, Juanicó, a pedido de Saraiva e que Andrés Lamas ficou como representante uruguaio na tentativa de entendimento. Foi um gesto, segundo ele, de boa vontade de seu governo para ajudar na busca da paz. Mas ela fracassou pelo pedido de mudança ministerial feito pelos negociadores, pois não estava nas conversas anteriores. E pior, do ponto de vista de Herrera, é que as novas pessoas que comporiam um novo ministério seriam indicações do próprio Saraiva, "com apoio de seus colegas". Não fora uma demanda de Flores, mas "uma garantia para o Brasil".

A tentativa de paz empacou nesse momento. Os fatos indicam que todo o restante das propostas era possível de ser realizado. Porém mudar o ministério criou um clima desfavorável, principalmente porque as pessoas indicadas para preenchê-lo eram mais favoráveis ao Brasil e à Argentina, o que não agradava aos falcões do Partido Blanco. E, além disso, se o governo aceitasse, haveria uma intromissão brasileira nos assuntos internos e políticos do país, sem mesmo a necessidade de invasão armada ou disparo de um só tiro.

Herrera continua a atirar farpas diplomáticas em Saraiva ao dizer que as negociações, apesar de difíceis, se tornaram impossíveis depois que o representante do Brasil se retirou do Uruguai e foi para Buenos Aires conversar com o governo argentino. Frente a essa ausência, não foi mais possível negociar as reclamações dele.

Herrera, em sua longa resposta, tirada de documentos ingleses já citados, põe aspas em três parágrafos da nota de Saraiva de 4 de agosto em que fez as demandas finais que, se não atendidas, determinariam a invasão. Fala que o tom mudou nas trocas diplomáticas entre os lados, que as palavras eram ferinas e deselegantes, e que acusavam sempre o Governo Oriental de ser o culpado por tudo que ocorria. Que aquela nota dizia que seria absurdo por parte daquele governo acusar o Brasil e a Argentina pelo que estava acontecendo. Diz ainda que a nota acusa a imprensa do país de insuflar os ânimos contra os vizinhos.

Depois da conversa em Buenos Aires com Mitre, Elizalde e Thornton, e de ter assegurado, se não o apoio militar, pelo menos a concordância com a tese do Brasil, Saraiva mudou o tom de sua conversa diplomática com os uruguaios. O tom mudara também no Rio de Janeiro, no Congresso e na imprensa sobre o assunto. Pedia-se satisfação das demandas nacionais ou invasão. Saraiva, tendo a neutralidade da Argentina e do governo inglês, mais Venancio Flores em armas no interior, endureceu sua conversa com o vizinho.

O que faltou foi observar que havia ali perto outro país que não estava gostando da direção que os fatos estavam tomando na área. Saraiva, em uma correspondência, tocou uma só vez no Paraguai e não se falou mais nisso. Ninguém dava atenção às reclamações paraguaias. O menosprezo era tanto que não se levou em conta nem a divulgação das reclamações paraguaias à Argentina em apoio ao governo blanco.

De volta à resposta de Herrera. Reclama duramente dos termos da nota de Saraiva que pediu que suas demandas fossem satisfeitas num prazo de 6 dias. Se não fossem satisfeitas, os chefes militares poderiam fazer o que quisessem em sua repressão. De forma altiva diz que os termos usados por Saraiva "não eram admissíveis, nem a ameaça também era admissível".[51] E arremata que "havia recebido ordem do presidente da República para retornar para sua excelência como inadmissível a nota-ultimato que mandou para o governo. Ela não pode permanecer nos arquivos orientais".[52]

Atitude altiva e perigosa. Impressiona esse comportamento altaneiro num momento frágil do governo blanco. Lettsom, em carta para Londres,[53] comenta o gesto de Herrera, e que este lhe comunicara que a nota de Saraiva, nos termos em que estava, não ficaria nos arquivos uruguaios.

Recorda Herrera a Saraiva que seu governo sempre esteve disposto a aceitar as demandas justas do governo imperial, mas frente à atual ameaça não havia meio de satisfazer a tais demandas, algumas de até 12 anos atrás, as quais foram colocadas "para justificar aquelas pessoas que estão em armas contra as instituições da República".

São estocadas de lado a lado que ilustram o caminho que estava tomando a região e mostram ainda que não havia uma mão invisível e externa empurrando crianças em política internacional para um conflito armado. Esses supostos inocentes diplomáticos sabiam o que estavam fazendo. A situação no Rio da Prata era de efervescência política.

NOTAS

[1] E. Thornton para Londres, em 11 de junho de 1864, em *Great Britain Foreign Office: General Correspondence.* Argentina Report, 1852-1905, microfilme (MIC) 759, anos 1864-1865, da Biblioteca da Tulane University.
[2] Idem.
[3] Idem.
[4] Idem.
[5] W. G. Lettsom para Thornton, em 3 de junho de 1864, em *Great Britain Foreign Office: General Correspondence.* Argentina Report, microfilme (MIC) 759, anos 1864-1865, da Biblioteca da Tulane University.
[6] E. Thornton para Londres, em 21 de junho de 1864, em *Great Britain Foreign Office: General Correspondence.* Argentina Report, 1852-1905, microfilme (MIC) 759, anos 1864-1865, da Biblioteca da Tulane University.
[7] Idem.
[8] Idem.

⁹ E. Thornton para Londres, em 23 de junho de 1864, em *Great Britain Foreign Office: General Correspondence*. Argentina Report, 1852-1905, microfilme (MIC) 759, anos 1864-1865, da Biblioteca da Tulane University.
¹⁰ Idem.
¹¹ E. Thornton para Londres, em 29 de junho de 1864, em *Great Britain Foreign Office: General Correspondence*. Argentina Report, 1852-1905, microfilme (MIC) 759, anos 1864-1865, da Biblioteca da Tulane University.
¹² Idem.
¹³ E.Thornton para Londres, em 5 de julho de 1864, em *Great Britain Foreign Office: General Correspondence*. Argentina Report, 1852-1905, microfilme (MIC) 759, anos 1864-1865, da Biblioteca da Tulane University.
¹⁴ Idem.
¹⁵ Idem.
¹⁶ Idem.
¹⁷ Idem.
¹⁸ Idem.
¹⁹ Lettsom para Londres, em 20 de dezembro de 1864, em *Great Britain Foreign Office: General Correspondence*. Argentina Report, 1852-1905, microfilme (MIC) 759, anos 1864-1865, da Biblioteca da Tulane University.
²⁰ E. Thornton para Londres, em 8 de julho de 1864, em *Great Britain Foreign Office: General Correspondence*. Argentina Report, 1852-1905, microfilme (MIC) 759, anos 1864-1865, da Biblioteca da Tulane University.
²¹ Idem.
²² Documento de Juan José de Herrera para Antonio Saraiva, traduzido por Lettsom e enviado a Londres, em *British Documents on Foreign Affairs: Reports and Papers from the Foreign Office Confidential Print*, General Editors, Kenneth Bourne and Cameron Watt. Part I – from the Mid-Ninneteenth Century to the First World War, Serie D – Latin America/1845-1914, Editor: George Philip, v. 1, River Plate, 1849-1912. Documento n. 65, p. 161.
²³ E. Thornton para Londres, em 8 de julho de 1864, op. cit.
²⁴ E. Thornton para Londres, em 12 de julho de 1864, em *Great Britain Foreign Office: General Correspondence*. Argentina Report, 1852-1905, microfilme (MIC) 759, anos 1864-1865, da Biblioteca da Tulane University.
²⁵ Idem.
²⁶ E. Thornton para Londres, em 11 de agosto de 1864, em *Great Britain Foreign Office: General Correspondence*. Argentina Report, 1852-1905, microfilme (MIC) 759, anos 1864-1865, da Biblioteca da Tulane University.
²⁷ Lettsom para Londres em 21 de outubro de 1864, em *Great Britain Foreign Office: General Correspondence*. Argentina Report, 1852-1905, microfilme (MIC) 759, anos 1864-1865, da Biblioteca da Tulane University.
²⁸ Lettsom para Londres, em 28 de outubro de 1864, em *Great Britain Foreign Office: General Correspondence*. Argentina Report, 1852-1905, microfilme (MIC) 759, anos 1864-1865, da Biblioteca da Tulane University.
²⁹ *British Documents on Foreign Affairs (BFDA)*, v. 1, River Plate, 1849-1912.
³⁰ *British Documents on Foreign Affairs (BDFA)*, v. 1, River Plate, 1849-1912, documento 63, p. 153. Tradução de Lettsom para Londres.
³¹ *British Documents on Foreign Affairs (BDFA)*, v. 1, River Plate, 1849-1912, documento 64, p. 154.
³² Idem.
³³ Idem.
³⁴ Idem, pp. 154-5.
³⁵ Idem, p. 155.
³⁶ Idem.
³⁷ Idem.
³⁸ Idem.
³⁹ Idem, p. 156.
⁴⁰ Idem, pp. 156-7.

[41] Idem, p. 157.

[42] Idem.

[43] Idem.

[44] *British Documents on Foreign Affairs (BDFA)*, v. 1, River Plate, 1849-1912, documento 65, p. 158. Tradução de Lettsom para Londres.

[45] Idem.

[46] Idem.

[47] Idem.

[48] Idem, p. 159.

[49] Idem.

[50] Idem, p. 160.

[51] Idem, p. 162.

[52] Idem.

[53] *British Documents on Foreign Affairs (BDFA)*, v. 1, River Plate, 1849-1912, documento 63, p. 152, em 10 de agosto de 1864.

Ainda a presença dos ingleses

Juan Herrera fora duro em suas respostas para José Saraiva, mas guardava uma saída para fugir do enfrentamento externo que seu governo não podia arcar, tendo em vista a situação interna do país. Irá propor mediação internacional para resolver as pendências entre o Brasil e o governo blanco. Uma jogada inteligente frente à situação do momento.

Propôs que a arbitragem entre os interesses fosse feita por um ou mais de um país daqueles que tinham representantes em Montevidéu. Cita os embaixadores da Espanha, Don Carlos Creus; da Itália, Don Rafael Ulisses Barbolani; de Portugal, Don Leonardo de Souza Leite Acevedo; da França, M. Martin Maillefer; da Prússia, Herr Herman Von Gulich; e da Inglaterra, William G. Lettsom.

Herrera acreditava que o Brasil não podia deixar de aceitar, pois

> o governo de sua majestade o imperador do Brasil já havia aceitado os princípios do Congresso de Paris [sobre disputas e arbitragens...] e que o governo da República não acredita que vossa excelência recusará esta proposta.[1]

Apesar da crítica situação, e o Brasil já com ações militares na área, ainda se tentou encontrar um caminho de paz para a região. E os diplomatas ingleses se fizeram também presentes nessas tentativas. A intenção continua a mesma em tentar encontrar dados que comprovem ou não a participação inglesa para que houvesse o conflito. Na busca disso, também nos documentos ingleses, vai-se além na pesquisa: até mesmo depois de o conflito ter iniciado, para se ver como eles atuaram ou se sub-repticiamente ajudaram a provocar a Guerra do Paraguai.

Thornton escreve para Earl Russell, ministro das Relações Exteriores da Inglaterra, em 26 de dezembro de 1864[2] – o Brasil já se movimentara militarmente para o Uruguai em outubro daquele ano – que conversara com Silva Paranhos, propondo que seria melhor para o país buscar àquela altura alguma forma de paz. Paranhos recusou.

Em 16 de janeiro de 1865, Lettsom em comunicado com Earl Russell[3] fala na proposta de um protetorado italiano no Uruguai para terminar o conflito. Ele é contra a sugestão de Barbolani para um protetorado, mas aceita a proposta de paz. Lettsom, outra vez para Londres,[4] em 26 de janeiro de 1865, escreve que recebera uma carta secreta de Thornton, em que este sugere que Lettsom tentasse convencer Aguirre a aceitar Mitre como mediador entre o Brasil e o governo uruguaio.

Uma alternativa que forçaria o Brasil a repensar a invasão, a sugestão teria o apoio britânico e Solano Lopez seria neutralizado. Na mesma correspondência em que é proposto o nome de Mitre como intermediário é aceito o de Barbolani como o representante do corpo diplomático para tentar convencer Aguirre. Se isso falhasse, os diplomatas da área, em conjunto, deveriam ir a Aguirre para que ele aceitasse mediação de paz. Aguirre vai dizer a *signor* Barbolani que os blancos definitivamente não aceitavam a mediação de Mitre. Imaginavam, é a dedução, que tinham forças para defender Montevidéu e com a cooperação militar do Paraguai.

Os diplomatas ingleses, até mesmo depois do início das hostilidades, tentaram encontrar caminho para a paz. Aquele de indicar Mitre foi uma alternativa interessante. É claro que os blancos não confiavam no dirigente argentino, mas a proposta servia para mostrar que muita gente da área, com esse ou aquele motivo, não queria uma guerra maior.

A indicação de Mitre sugere que ele talvez estivesse preocupado com a invasão brasileira no Uruguai, e que isso poderia afetar a Argentina no futuro se o Brasil resolvesse ficar mais tempo ali ou mesmo se apropriar de um pedaço de território do vizinho. Ao recusar a última proposta dos ingleses, os blancos decidiram seu destino. O jogo estava feito. Antonio de las Carreras e Solano Lopez ganharam o embate.

Lettsom escreveu ainda a Russell,[5] em 28 de janeiro de 1865, que talvez a paz tivesse uma chance com a substituição de Aguirre na presidência. O mandato dele terminaria no dia 15 de fevereiro e, quem sabe, entrassem em cena novos personagens interessados na conciliação. Havia unanimidade de opinião do corpo diplomático no Prata de que a guerra civil no Uruguai era o paiol de pólvora, que deveria ser controlado. A paz no país vizinho acalmaria toda a região.

Edward Thornton escreveu a Londres,[6] em 13 de outubro de 1864, que tinha sido informado por M. Leal, representante do Brasil na Argentina, que o almirante Tamandaré, "comandante da força naval brasileira nessas águas", faria comunicado sobre suas ações no Uruguai. Foi informado ainda que a força brasileira na fronteira do Rio Grande do Sul, pronta para intervir no Uruguai, era de oito mil homens.[7]

A carta de Tamandaré para Lettsom foi traduzida e mandada para Londres,[8] em 11 de outubro de 1864, em que o almirante brasileiro dá suas explicações sobre ações do Brasil na região do Prata, mas ressaltando que não faria nada às nações neutras e, mais importante, não iria "atrapalhar o comércio ou ferir algum cidadão de nações que não participam daquela luta". Toca no interesse da Inglaterra que é o comércio e que nem cidadãos daquele país sofreriam com a guerra em curso. O Brasil não queria que suas ações militares levassem a Inglaterra ou qualquer outra nação da Europa a intervir em sua movimentação no Uruguai.

Lettsom informa Londres,[9] em 28 de outubro de 1864, que as forças brasileiras devem derrubar os blancos e colocar no governo Venancio Flores e que "a queda desse governo da República na minha opinião irá estabelecer a paz neste país".

O despacho de Earl Russel para Lettsom,[10] de 24 de dezembro de 1864, é revelador sobre a posição inglesa na guerra que começava. Escreve que consultou o *Law Adviser of the Crown* sobre as "operações hostis" do Brasil contra Montevidéu.

Diz que

o governo brasileiro, na busca de ter justiça por problemas tidos por seus cidadãos – um direito que recentemente [o governo do Brasil] negou para a Inglaterra – tem o direito de usar represália contra a República do Uruguai. Mas que o governo brasileiro não tem o direito de parar, vistoriar ou tomar nenhuma carga de navios neutros [na guerra] com a intenção de subsidiar seus fins [militares].

Cita ainda que o Brasil não pode interferir no comércio de países neutros.

Nada mais britânico. Comércio na região era o que lhe interessava. Uma guerra, por mais que eles vendessem bens para o conflito, não era mais proveitosa do que vender produtos diferentes do comércio, os quais dominavam por longo tempo.

Earl Russel continua a escrever no mesmo despacho que o governo brasileiro não interferiria no comércio regional ao não declarar nenhum tipo de bloqueio, mas que poderia intervir em navios de nações neutras "carregando contrabando de guerra para o inimigo". Aquele governo podia exercer esse "direito limitado".

Uma nação acostumada com guerras, orientada juridicamente por um conselho em leis do Império Britânico, dizia o que se poderia fazer ou não com os navios e o comércio inglês na Bacia do Prata. É um documento revelador das intenções dos ingleses na área. Em seus despachos, os ingleses falam da geografia, comércio, direito e fazem interpretações sobre o que ocorria no Prata.

No despacho de Thornton para Earl Russel de 9 de dezembro de 1864,[11] ele comenta o documento de José Berges para Vianna Lima, representante brasileiro em Assunção, em que comunica o rompimento com o Brasil, e informa ainda sobre o motivo imediato para o estremecimento das relações entre os dois países.

Conta que

> um pequeno vapor mercante e de passageiro do Brasil, Marquês de Olinda, que faz viagens periódicas de Montevidéu para Cuiabá, na província brasileira de Mato Grosso, tinha chegado a Assunção, tendo a bordo o novo presidente da província, com vários outros passageiros [...] [que] o navio de guerra paraguaio, Tacuari, foi mandado atrás do Marquês de Olinda e o levou de volta a Assunção [...] os passageiros e marinheiros foram mantidos prisioneiros e que não podiam falar com ninguém.

Comenta Thornton que aquilo parecia errado, pois o representante diplomático brasileiro em Assunção não havia recebido nenhuma intimação de ruptura de relações entre os dois países. É verdade, mas é preciso dizer que o Paraguai havia mandado em 30 de agosto de 1864 um documento ao Brasil dizendo que se o país atacasse o Uruguai, o Paraguai não aceitaria, pois romperia a balança de poder no Prata. Não foi uma declaração de guerra formal, mas um comunicado do que poderia ocorrer.

Para o inglês deveria haver antes da apreensão do barco brasileiro uma formal declaração de guerra do Paraguai para com o Brasil. Ele inclusive, num legalismo interessante, cita o artigo XVII do tratado de 6 de abril de 1856 entre Brasil e Paraguai que garantia vidas e negócios de cidadãos dos países, se houvesse um rompimento entre os lados.[12]

Informa ainda Thornton que o comunicado de Berges dizia que o governo do seu país

> permitirá navegação do Paraguai para Mato Grosso para navios mercantes neutros, mas que proibiria para navios brasileiros. Eu acredito que isso é uma matéria de pouca importância para os interesses britânicos porque eu não conheço nenhuma embarcação com bandeira inglesa que já tenha subido até Mato Grosso.[13]

Dois dados chamam a atenção no despacho. O primeiro é que também os paraguaios falam em abrir o comércio a navios neutros. Quer dizer que não impediriam os ingleses. Ninguém queria a má vontade deles. O segundo dado é que as cidades de Cuiabá e Corumbá têm até hoje produtos que vieram da Inglaterra e que, nunca, conforme despacho de Thornton, foram levados por navios ingleses para a distante província. A mercadoria deve ter ido até Buenos Aires ou Montevidéu e dali por outros barcos até atingir o Mato Grosso.

Thornton não concorda que a simples nota do governo paraguaio de que a balança de poder poderia ser mudada na região era uma declaração de guerra.[14] Não acredita também que Lopez fosse socorrer o Uruguai e que a intenção dele era outra: ele pretendia atacar o Brasil

> na fronteira norte do Paraguai para tomar posse do território disputado naquele lado e até mesmo penetrar em Mato Grosso, com a esperança de ficar numa posição melhor para concluir o Tratado de Limites com o Brasil, um assunto que tem preocupado fortemente o governo paraguaio por muitos anos.

Se não se entendia o ataque de Lopez a Mato Grosso agora se tem, pelo despacho do inglês, uma informação preciosa. É comum achar que foi um erro dele fazer tal ataque – deveria atacar primeiro o Rio Grande do Sul e que, quando o fez, foi atrasado. Agora alguém diz que a intenção de Lopez não era porque pensava que Mato Grosso estava sendo armado e que dali ocorreria um ataque. A intenção, que vem desde seu pai, Carlos Antonio Lopez, seria estar de posse de área da região para discutir em posição de conforto com o governo brasileiro. Não deu certo, mas tinha essa intenção, segundo o despacho do inglês.

Thornton faz um P.S. no despacho[15] de 11 de dezembro de 1864 para Londres, em que diz que as forças em conflito resolveram fazer um armistício em Paissandu, e permitiram que as famílias de estrangeiros saíssem sem problemas daquela cidade. Venancio Flores, blancos e Tamandaré concordando em não mexer com as vidas dos estrangeiros para não terem a má vontade do exterior para o conflito em andamento. Além do comércio, era o outro assunto que interessava os ingleses e os representantes de outros países na região. Todos da área deixaram os ingleses ou outra nação de fora do entrevero que começara.

Lettsom informa Londres,[16] em 14 de dezembro de 1864, dos ataques das forças de Flores e de navios brasileiros em Salto e Paissandu. Que, apesar da defesa, devem cair. Se cair, estaria aberto o caminho para Montevidéu. Ele faz uma pergunta que esclarece, mais uma vez, qual era mesmo o interesse britânico e mostra ainda que não tinha lado no conflito.

Pergunta se o

> governo de sua majestade iria permitir o bombardeio de Montevidéu pelo comandante do Brasil, ou se o governo de sua majestade o autorizaria a tomar medidas junto ao comando naval para prevenir, se necessário pela força, a destruição de propriedade e interesses britânicos pelas forças navais do Brasil.[17]

Escreveu ainda que se ele não tivesse antes notícias de Londres, com outros colegas de outros países e, de acordo com as circunstâncias, escolheria o melhor curso a ser seguido.[18] Não parece despacho de alguém que queria estar ao lado do Brasil e Argentina contra outros da área. Ou que quisesse botar mais lenha na fogueira regional.

Nos documentos da Inglaterra existe um de Candido Bareiro, representante do Paraguai em Paris, de fevereiro de 1865, que contém tópicos que merecem ser comentados.[19] Ele escreve longamente para Earl Russel, ministro do Exterior da Inglaterra, falando inicialmente que o Paraguai já estava em guerra com o Brasil. Que o motivo imediato tinha sido a invasão do Uruguai e que o Brasil não tomou conhecimento da nota do seu país de 30 de agosto de 1864. Mais uma vez, agora outro personagem também pontua que navios de bandeiras neutras poderão navegar em direção à província de Mato Grosso, satisfazendo aquilo que interessava aos ingleses naquele momento e situação.

Ele historia que por quatro vezes naquele século, "quando o estado oriental estava em anarquia", o Brasil procurava invadir o país vizinho. Mas o ponto mais sugestivo da correspondência que Bareiro mandou para Londres eram os reais motivos, do ponto de vista dele ou de mais gente do Prata, pela ação militar do Brasil em andamento.

Ele diz que o Brasil, apesar do tamanho do seu território, tem um problema que não é uma questão de tamanho, mas "da qualidade do país".[20] Que o Brasil é

> como a África, quase todo em zona tropical e quente, só habitado por africanos, o qual não pode ter mais por causa de leis internacionais que protege o homem negro. Tem necessidade de ter habitantes da raça branca e livre, mas não pode ter isso porque não tem terras em lugares temperados. Se pode dizer que [o Brasil] é o menor e mais deficiente dos países da América do Sul, se for considerado que para além da zona tórrida, o Brasil não tem outras províncias a não ser São Paulo e São Pedro. Que necessitando de terras temperadas para habitar o homem branco é que o Brasil deseja anexar outros territórios mais ao sul.[21]

Outro motivo alegado por Candido Bareiro é que os melhores meios de comunicação por água estavam naquela região e que somente passando por ali se poderia atingir a província mais ao oeste ou Mato Grosso.[22] Acrescenta outro motivo ainda: que a população brasileira tinha fome e era afetada por doenças tropicais e que precisava de região temperada para gado e produções agrícolas.[23]

Procura influenciar a Inglaterra dizendo que a atitude do Brasil no Rio da Prata poderia diminuir o comércio da Europa por ali. Põe no mesmo balaio a Argentina, atacando não o seu povo, mas a divisão entre o interior e a capital. Que agora a capital se unia ao Brasil e que iriam dividir a navegação no Prata entre os dois países. Sempre cutucando a Inglaterra para o perigo que os dois vizinhos indesejados poderiam trazer para aquele país e não para o Paraguai.[24]

Termina com colocação que merece citação, se levada em conta a busca deste trabalho. Pede desculpas a Earl Russel por entrar em considerações detalhadas, mas que o fazia em nome do seu governo

> para preservar intacta a boa opinião e a simpatia do governo de sua majestade britânica [...] e também como uma prova de convicção de que meu país sente que o real perigo para os países do Prata se encontra na própria América e que seus garantidores estão na Europa e no grande interesse dos dois mundos conectados com paz, liberdade e a balança interna do novo Continente.[25]

O perigo não estava na Europa ou mais precisamente na Inglaterra, estava na América mesmo. Um diplomata paraguaio na Europa, vivendo a época, diferentemente de tantas décadas depois, escreve que a real situação de conflito regional era dali mesmo e não de fora.

Fica-se sabendo ainda, do ponto de vista de outros do Prata, que a intenção brasileira com a guerra era para ter terras em região temperada para ali levar gente branca da Europa para ajudar a civilizar o país. Que era um país de negros e, como a África, nos trópicos. Tinha fome, peste e não boa produção de carne e cereais. A guerra seria para anexar território no sul para imigração de brancos, portanto. Um ponto de vista até mais sugestivo para ser analisado do que aquele que a guerra foi feita pela Inglaterra para destruir o modelo paraguaio que ameaçava interesses do Império Britânico.

Continua-se nos documentos diplomáticos da Inglaterra mesmo depois que o conflito já iniciara. A intenção é ver se há ação do governo daquele país para insuflar uma guerra entre países da região. Para ver se há pelo menos indícios dessa tentativa. Se há menção, escrita diretamente ou que se possa inferir, que os ingleses ajudaram a criar o maior conflito armado da América do Sul.

Thornton envia mensagem para Londres, em 26 de dezembro de 1864, sobre a conversa que teve com Silva Paranhos, em Buenos Aires.[26] Num trecho de seu despacho, Thornton diz que estava preocupado com a possibilidade de as forças brasileiras bombardearem Montevidéu e que "poderia ter problemas com governos neutros".[27]

Que ele tentou

persuadir Paranhos que seria muito mais vantajoso para seu governo se houvesse uma resolução amigável antes que fossem tomadas medidas extremas. Eu até sugeri que a questão poderia ser submetida à arbitragem e que mesmo que as relações diplomáticas estivessem rompidas entre Brasil e Inglaterra, eu acho que o governo de sua majestade não desaprovaria minha contribuição para tentar conseguir um acordo na questão.[28]

Uma estranha proposta para a pessoa com mais força da Inglaterra na região. Propunha ainda, mesmo com a guerra em andamento, que ele mesmo intermediasse algum arranjo de paz para a área em conflito.

A seguir, Thornton diz que Florentino Castellanos estava em Buenos Aires na busca de paz para o que ocorria em seu país. Escreveu que o enviado uruguaio queria paz e que ele tinha esperança de que Thornton o ajudaria nessa tentativa.[29]

Em 16 de janeiro de 1865, Lettsom fala para Earl Russel[30] sobre a possibilidade de um protetorado italiano no Uruguai, e acrescenta que não acredita que isso ocorreria, pois "os nativos daqui são universalmente corruptos para aceitar ordem [no país]. Seus inveterados hábitos de pilhagem não suportariam tal estado de coisa" ou um governo que não permitisse isso.

Em correspondência no dia seguinte, de Lettsom para Londres,[31] diz sobre quem era o enviado uruguaio à Europa, Don Candido Juanicó, presidente da Suprema Corte e amigo de Antonio de las Carreras. Ele conta diferentes casos a respeito dele e o desqualifica. Conta uma história sobre Quinteros ou a ordem para matar membros do Partido Colorado em luta política e militar anterior. Diz que o ex-presidente Gabriel Pereira, "quando se encontrava em um estado de embriaguez", fora aconselhado por Juanicó e Antonio de las Carreras para autorizar o massacre de Quinteros.[32]

É uma informação histórica sugestiva sobre um fato que convulsionou a vida uruguaia. Escreveu o inglês que a autorização para o massacre de membros do Partido Colorado, incluindo o General Cesar Diaz, foi autorizado por um embriagado presidente da República. Venancio Flores se levanta em armas contra os blancos com o argumento de vingar aquela morte.

Em 28 de janeiro de 1865, Lettsom escreve a Londres[33] para falar do iminente ataque a Montevidéu, por água pelo Barão de Tamandaré e por terra por Flores. Conta da crítica situação da cidade. Da falta de pagamento até para o homem que supria as lâmpadas a gás da cidade. Tem a expectativa, ao expirar o mandato de Aguirre em 15 de fevereiro, que muitos senadores que estavam a favor de uma eleição para o novo presidente "possam tentar algum acordo frente à dificuldade existente com o Brasil".[34]

Outro despacho de Thornton,[35] em 25 de maio de 1865, informava Londres que o Congresso argentino tinha aprovado por unanimidade o tratado da Tríplice Aliança. Que o governo de Montevidéu já fizera o mesmo (Flores já estava no comando), e que só faltaria o Congresso do Brasil tomar decisão similar da que ocorrera em Buenos Aires e Montevidéu. O Paraguai ficara sozinho no conflito que não nascera ali, mas no governo branco. Assumirá uma guerra contra três adversários sem ter também o apoio das províncias do interior da Argentina.

A guerra começou no ano anterior e não se vê documento dos ingleses que pudessem dizer que eles ajudaram a fomentar o conflito. Será que eles esconderam tais documentos? Será que os publicados não são todos os verdadeiros? Não dá para especular nessa direção ou que os ingleses tenham feito sumir documentos que mostrassem que eles estavam por trás do que veio a acontecer no Prata. Seria a teoria da conspiração no máximo da paranoia. Mesmo se houvesse tais documentos escondidos ou jogados fora, nos tantos outros despachos de Londres para o Rio da Prata e vice-versa, deveria haver alguma nesga de informação escondida que mostraria que no tal documento sumido havia sugestão de que eles armaram o conflito. Não se encontra nem nas entrelinhas dos despachos.

Fala-se muito no desenvolvimento autônomo do Paraguai do período e que fora isso que assustara os ingleses. Nada que fosse tão assustador ou que pudesse competir com a formidável máquina inglesa de produção e comércio. Mas, outra vez na trilha da culpabilidade inglesa pela guerra, quem ajudou o Paraguai de Carlos Antonio Lopez e seu filho, Solano, a ter uma fundição, linha férrea, arsenal, estaleiro foram os ingleses.

Josefina Pla escreve que os paraguaios fizeram tudo aquilo, não como o início de uma industrialização, mas voltados para o esforço de guerra com apoio técnico e gerencial dos ingleses e também gente de outros países.[36] Quem pilotava os barcos paraguaios, principalmente os comprados na Inglaterra, como o Tacuari, eram os ingleses. Os ingleses dirigiram barcos do Paraguai até por volta de 1863. Depois, os paraguaios, treinados nos estaleiros dos irmãos Blyths na Inglaterra, conduziram suas embarcações.

Há casos de ingleses que continuaram a conduzir esses barcos inclusive durante a guerra. Havia ainda muitos médicos ingleses no Paraguai, em sua maioria voltados para serviços de saúde a militares. É até aceito que se não fosse o apoio dos ingleses a guerra poderia ter terminado antes.

O grande nome inglês citado e comentado por Josefina Pla[37] naquele momento foi o de William Keld Whythead. Era um técnico indicado pelos irmãos Blyth e que fora para o Paraguai no Tacuari comprado pelos paraguaios daquele estaleiro inglês. Jornais argentinos da época escreviam que o que tinha acontecido com aquela movimentação "industrial" para a defesa do país tinha sido feito por Whythead.[38]

Os ingleses temiam o Paraguai e aquele mesmo país estava fornecendo mão de obra técnica e venda de navios, ajudando na saúde para soldados e mais ferrovia? Criavam eles mesmos seus futuros competidores?

Há correspondência nos arquivos diplomáticos britânicos que ilustra um pouco mais como agia a Inglaterra. Um dos irmãos Blyths manda uma carta,[39] em 31 de janeiro de 1861, para o governo inglês dizendo que os paraguaios encomendaram no estaleiro deles um novo barco para passageiros e carga entre Assunção e Buenos Aires. Mas, naquele momento, havia pequeno desacerto diplomático entre Inglaterra e Paraguai e eles queriam saber se poderiam ou não atender ao pedido do país sul-americano. A resposta do *Foreign Office* veio em 11 de fevereiro de 1861,[40] dizendo que não havia nada de grave entre os dois países que impedisse a firma inglesa em vender um barco para o Paraguai.

Mais tarde, Candido Bareiro, representante paraguaio em Paris, escreve a Londres[41] em outubro de 1864, pedindo permissão ao governo inglês para que os Blyths construíssem um barco, não de passageiro, mas de guerra para o Paraguai. Earl Russel concordará com o pedido. Se queria destruir o pequeno Paraguai, por que armá-lo?

Pesquisa feita no principal jornal londrino daquele período por Carlos Krauer[42] mostra que o país elogiava o desenvolvimento do Paraguai antes da guerra. Fala da ferrovia e do telégrafo em termos elogiosos e que "sob a influência de paz do presidente Lopez [o Paraguai] continua seu progresso de rapidez maravilhosa".

Outra pesquisa interessante daquele momento é a de Harris G. Warren[43] sobre a disputa judicial em cortes inglesas. De um lado Elisa Lynch, mulher do já falecido Solano Lopez, e do outro os irmãos John e Alfred Blyth – claro que depois da guerra e quando ela já havia emigrado para a Europa – em torno de parte da herança de Solano Lopez.

O presidente paraguaio havia mandado antes da guerra 40 mil libras para Londres. Seria estranho para um dirigente desconfiado como Lopez, sabendo que a Inglaterra poderia ser contra ele por esse ou aquele motivo, mandar para aquele país aquela quantia em dinheiro.

O imaginário popular até hoje aceita o ponto de vista de que a Inglaterra foi a mentora da Guerra do Paraguai. Ela é fruto de situação regional complicada. Fatos locais empurram quatros países para uma guerra destruidora. E, ao analisar os documentos e correspondências do período, se percebe o esgrimir da diplomacia dos países da região em disputa. Percebe-se a atuação de congressistas, da imprensa e de interesses regionais localizados empurrando gentes e governos para o precipício. A guerra é nossa.

NOTAS

[1]   *British Documents on Foreign Affairs (BDFA)*, v. 1, Serie D Latin America/1845-1912, River Plate, 1849-1912, documento 65, p. 162.
[2]   Thornton para Earl Russell, em 26 de dezembro de 1864, em *Great Britain Foreign Office: General Correspondence*. Argentina Report, 1852-1905, microfilme (MIC) 759, anos 1864-1865, da Biblioteca da Tulane University.
[3]   Lettsom para Earl Russell, em 16 de janeiro de 1865, em *Great Britain Foreign Office: General Correspondence*. Argentina Report, 1852-1905, MIC 759.
[4]   Lettsom para Londres, em 26 de janeiro de 1865, em *Great Britain Foreign Office: General Correspondence*. Argentina Report, 1852-1905, MIC 759.
[5]   Lettsom para Earl Russell, em 28 de janeiro de 1865, em *Great Britain Foreign Office: General Correspondence*, Argentina Report, 1852-1905, MIC 759.
[6]   Thornton para Londres, em 13 de outubro de 1864, em *British Documents on Foreign Affairs (BDFA): Reports and Papers from the Foreign Office Confidential Print*, General Editors, Kenneth Bourne and Cameron Watt. Part I – from the Mid-Ninneteenth Century to the First World War, Serie D – Latin America/1845-1914, Editor: George Philip, v. 1. River Plate/1849-1912, documento 70, p. 167.
[7]   Idem.
[8]   Em 11 de outubro de 1864, em *BDFA*. River Plate/1849-1912, documento 72, p. 168.
[9]   Em 28 de outubro de 1864, em *BDFA*. River Plate/1849-1912, documento 74, p. 169.
[10]   Em 24 de dezembro de 1864, em *BDFA*. River Plate/1849-1912, documento 75, p. 170.
[11]   *BDFA*, River Plate/1849-1912, documento 76, p. 171.
[12]   Idem.
[13]   Idem.
[14]   Idem.
[15]   Em 11 de dezembro de 1864, *BDFA*. River Plate, 1849/1912, documento 77, p. 172.
[16]   Em 14 de dezembro de 1846, *BDFA*. River Plate, 1849/1912, documento 78, p. 173.
[17]   Idem.
[18]   Idem.

19 Em fevereiro de 1865. *BDFA*. River Plate, 1849/1912, documento 79, pp. 173-6.

20 Idem.

21 Idem.

22 *BDFA*. River Plate, 1849/1912, documento 79, pp. 173-6.

23 Idem, pp. 174-5.

24 Idem, p. 175.

25 Idem, p. 176.

26 Em 26 de dezembro, *BDFA*. River Plate, 1849/1912, documento 82, pp. 177-9.

27 Idem, p. 177.

28 Idem.

29 *BDFA*. River Plate, 1849/1912, documento 82, p. 178.

30 Em 16 de janeiro de 1865, em *BDFA*. River Plate, 1849/1912, documento 83, pp. 179-80.

31 Em 17 de janeiro de 1865, em *BDFA*. River Plate, 1849/1912, documento 84, p. 180.

32 Idem.

33 Em 28 de janeiro de 1865, em *BDFA*. River Plate, 1849/1912, documento 86, p. 182.

34 Idem.

35 Em 25 de maio de 1865, em *BDFA*. River Plate, 1849/1912, documento 87, p. 183.

36 Alfredo da Mota Menezes, *Guerra do Paraguai: como construímos o conflito*, São Paulo, Contexto, 1998, pp. 52-3.

37 Josefina Pla, *The British in Paraguay: 1850-1870*, Londres: The Richmond Publishing Company, 1976. Foi publicado primeiro em inglês. A edição em espanhol é posterior. *Los Britânicos em el Paraguay: 1850-1870*, Assunção, Arte Nuevo, 1984.

38 Alfredo da Mota Menezes, op. cit., p. 53

39 Em 31 de janeiro de 1861, em *Great Britain Foreign Office: General Correspondence*. Argentina Report, 1852-1905, MIC 759. Citado em Alfredo da Mota Menezes, op. cit., pp. 55-6.

40 Em 11 de fevereiro de 1861, em *Great Britain Foreign Office*. Argentina Report, MIC 759.

41 Em *Great Britain Foreign Office*. Argentina Report, MIC 759, out. de 1864.

42 Alfredo da Mota Menezes, op. cit., pp. 59-60, cita o artigo de Juan Carlos Kerken Krauer, "Proceso económico del Paraguay: la visión del cónsul británico Henderson, 1851-1860", em *Revista Paraguaya de Sociologia*, Assunção, 1982.

43 Harris Gaylord Warren, "Litigation in English Courts and Claims Against Paraguayan Resulting from the War of the Triple Alliance", em *Inter American Economic Affairs*, Washington, abril, 1969.

Uma hipótese

A construção de que o Paraguai do período anterior à guerra era algo diferente e exemplar para a região nasceu bem antes das interpretações mais apaixonadas da década de 1960 em diante. No Paraguai, lá pela década de 1930, autores como Juan O'Leary e Manuel Dominguez defendiam que o país, antes da guerra, era autônomo, rico, com moeda sadia, vivia um estado de bem-estar social. Que Solano Lopez não era o personagem negativo pintado pelos ganhadores da guerra ou até mesmo como fora descrito no próprio país, talvez por imposição dos vencedores do conflito, como um traidor da pátria. Passam a colocá-lo num altar do heroísmo nacional.

Mais tarde, com o Partido Colorado de Alfredo Stroessner no poder (1954-1989), Solano Lopez foi entronizado herói maior do país. E que os colorados eram descendentes da linhagem de personagens como Bernardino Caballero e Solano Lopez.

O momento maior das interpretações de que a guerra foi cria do capitalismo inglês se deu durante a Guerra Fria (1946-1991). De um lado os EUA e do outro a União Soviética. O mundo estava em ebulição: Fidel Castro no poder em Cuba, a Guerra do Vietnã, a emancipação dos países africanos ao colonialismo europeu e a Argélia em sua luta contra os franceses. É também o momento dos militares no poder na América Latina.

Cria-se o clima contra os EUA na região. Este país tem raízes culturais e políticas na Inglaterra, nação que, na interpretação histórica mais aceita até hoje, sufocara o desenvolvimento do Paraguai no século anterior. Os EUA faziam naquele momento com a América Latina o mesmo que a outra potência fizera antes com o soberano Paraguai.

O modelo paraguaio de desenvolvimento antes da guerra, na visão histórica conhecida, tinha um viés socialista. No Paraguai dos Lopez, terras do Estado eram arrendadas aos camponeses, supostamente não havia fome nem analfabetismo. Havia monopólio do comércio exterior, investimento em educação, desenvolvimento autônomo e não atrelado aos centros hegemônicos do capitalismo mundial.

Coincidia com ideais dos defensores do socialismo como a alternativa correta para a América Latina fugir do controle dos países capitalistas, basicamente dos EUA. O socialismo era a vanguarda desse confronto. Defendiam-se as teses de Moscou, não as de Washington. A Teoria da Dependência, que pegou forte no período, dará a base teórica para esse confronto intelectual.

O ponto de vista de que a Inglaterra fomentou a guerra ganhou imensa força com as publicações do argentino Leon Pomer, do brasileiro Julio Chiavenatto e do uruguaio Eduardo Galeano. O fenômeno editorial e popular foi o livro de Chiavenatto: *Genocídio americano* teve 39 edições, vendeu aproximadamente 150 mil cópias no Brasil e teve tradução até em guarani. Defende que o Paraguai era livre, independente, com bom índice educacional, vivia numa espécie de socialismo, diferentemente dos seus agressivos vizinhos e fora dos interesses ingleses.

Esses autores incendiaram o imaginário popular no Brasil. O livro de Chiavenatto foi publicado em 1979, momento em que o regime militar mostrava pequena fissura política. Momento em que, nas universidades e sindicatos, se iniciavam movimentos contra a dura situação política nacional. Uma coincidência que talvez tenha ajudado ainda mais no aceite do livro e sua instigante tese. Livros didáticos da atualidade ainda colocam trechos das publicações de Pomer e principalmente de Chiavenatto. São referências, mesmo depois de novas interpretações sobre o conflito. Pomer, Galeano, Chiavenatto e Hobsbawn são conhecidos por suas interpretações marxistas.

Coincidia, portanto, a nova tese sobre a guerra com o que estava acontecendo na América Latina do momento e sua relação com o mundo, principalmente a presença norte-americana na região. Uma presença econômica forte e ainda de apoio às ditaduras militares. Havia ou ainda há uma desconfiança no meio intelectual com a atuação dos EUA na América Latina. Os fatos sugerem que houve associação entre o expansionismo inglês do século anterior e o dos EUA na América Latina do período da Guerra Fria.

A hipótese aqui aventada é uma associação entre os dois casos. E que isso tenha levado à interpretação de que a Inglaterra impedira o desenvolvimento autônomo do Paraguai e os EUA estariam fazendo o mesmo com a América Latina no momento da Guerra Fria.

Talvez seja interessante buscar na história alguns dados e fatos que levam a essa desconfiança regional com os EUA e que ajudam no distanciamento entre lados e interesses. Essa desconfiança e afastamento vêm de longe, foi criada ao longo dos anos.

O uruguaio José Enrique Rodó (1871-1917), por exemplo, publicou, em 1900, um livro chamado *Ariel* que foi bastante divulgado na América Latina e inclusive usado em muitas escolas da região.[1] Representava uma reação contra a crescente presença norte-americana nos países abaixo do Rio Grande.[2] *Ariel* foi publicado bem depois de um fato que marcou a história do relacionamento dos EUA com a América Latina: a derrota do México para os EUA em 1846, em que o país perdeu cerca de um terço de seu território.

O livro de Rodó já é de reação pela derrota da Espanha para os EUA em 1898 na guerra pela independência de Cuba. Ela foi aquilo que os norte-americanos chamaram de "esplêndida pequena guerra", pois a derrota da Espanha foi rápida e fácil. Uma ex-colônia batia uma potência europeia, era o que os EUA precisavam para mostrar musculatura perante o mundo, e principalmente mandar um recado de que esta região estava sob sua influência. Se a Europa queria negociar ou emprestar dinheiro deveria levar isso em consideração.

Com a derrota da Espanha, os EUA criaram um protetorado em Cuba. Depois conseguiram, numa nova maneira de domínio, colocar na constituição do novo país, em 1901, a Emenda Platt, que garantia aos norte-americanos o direito de intervir em Cuba quando seus interesses fossem ameaçados. Podia-se investir ou emprestar dinheiro à ilha sem maiores preocupações. Se houvesse problema nessas áreas ou se houvesse levante social que pudesse ter consequências políticas, a constituição permitia que os EUA mandassem soldados à ilha. Com a emenda, Cuba fica como protetorado norte-americano até 1933.

A partir do domínio em Cuba, os EUA se expandem para o Caribe e América Central. Teve protetorado ou dominou a alfândega de quase todos os países da região. Nicarágua, como exemplo, esteve sob domínio norte-americano entre 1916 a 1924. Tudo culmina com a construção do Canal do Panamá no governo de Theodore Roosevelt (1901-1909).

Aquele período é chamado na história dos EUA como "diplomacia do dólar". Os EUA emprestavam dinheiro e, se o país não pagava, mandava força militar para recuperá-lo. Daí que tomará conta de algumas alfândegas na região. Esse tipo de atuação se firma desde que o secretário de Estado, Richard Olney, em 1895, escreveu que os norte-americanos eram soberanos na região, e que até mesmo se outro país emprestasse dinheiro e se quem tomou emprestado não pagasse, quem cobraria o empréstimo seriam os EUA e o entregaria ao emprestador.

É também chamado aquele período de diplomacia do *big stick* ou grande porrete. Dizia que se devia falar de forma suave e tentar convencer o latino-americano desse ou daquele assunto. Se não desse certo o caminho era usar o tal porrete. Theodore Roosevelt, ao criar o Corolário à Doutrina Monroe, deu o nome mais específico desse período e ponto de vista.

Uma reação a essas movimentações comerciais e guerreiras dos EUA se cria em segmentos da sociedade latino-americana, principalmente no intelectual e acadêmico. *Ariel*, de Rodó, dá força intelectual a essa reação ao dizer que a cultura latino-americana era superior ao utilitarismo dos EUA. Falava em unidade cultural de toda América Latina e que os norte-americanos eram como selvagens. Cria-se a tese do nós contra eles: se falava sempre no outro e na diferença entre eles.

Diz Enrique Krauze que os países da América Latina eram tecnologicamente mais atrasados que os norte-americanos, mas não queriam ser coadjuvantes das grandes potências. Que "a maré intelectual do antiamericanismo conseguiu unir liberais e conservadores, católicos e livres-pensadores, bem como uma incipiente esquerda de socialistas, anarquistas e marxistas".[3]

Vem de longe, portanto, a desconfiança do meio intelectual e das universidades latino-americanas com os EUA. Grandes nomes da intelectualidade regional de agora e do passado se colocam a favor das teses socialistas e contra a maneira e ações dos norte-americanos, antes e depois da Guerra Fria. No auge dela, tivemos as guerras libertárias pelo mundo e a presença de militares no poder na América Latina com apoio dos EUA. A indignação cresceu ainda mais. E até piorou.

É que os EUA, em sua luta mundial contra Moscou, além de combater a esquerda da região, também atingiu os conservadores. Governos e pessoas na América Latina, que até admiravam os EUA e o tinham como modelo, ao tentarem algumas medidas para democratizar um país, foram acusados de comunistas e escorraçados do poder. Foram atacados porque tinham algum tipo de comportamento político que não agradava aos norte-americanos. Criou-se também por esse lado, se não mais um grupo contra os EUA, pelo menos de crítica à atuação unilateral daquele país.

Do ponto de vista dos norte-americanos tudo se justificava pelo combate feroz entre comunismo e capitalismo naquele momento. Mas para muitos latino-americanos, que viam a crise social nos seus países aumentando, que viam o sucesso relativo de Cuba nessa área e que achavam que o caminho regional era o socialismo, os EUA passam a ser uma espécie de coisa do mal.

Essa impressão sempre aumentava com as notícias da atuação norte-americana em golpes militares como os que derrubaram Jacobo Arbenz, na Guatemala, ou Salvador Allende, no Chile. É preciso observar, no entanto, que os EUA, quando davam ajuda na derrubada de um governo na América Latina, quase sempre o fazia em apoio ou com pedido de pessoas e líderes dos próprios países. São raros os casos em que eles não tiveram essa ligação.

Nas vezes em que estiveram presentes na Nicarágua, na Guatemala, no Panamá, em Cuba (antes de Fidel), no Chile, foi com apoio de grupos internos descontentes em luta política contra outro grupo. Esses grupos, na busca de manter ou tomar o poder, pediam ou facilitavam a presença dos norte-americanos. Mas, independentemente disso, o olhar enviesado aos EUA, não só no meio intelectual, era um fato da vida real dos países da região.

Na década de 1960, com o aumento da luta entre comunismo e capitalismo, aquela desconfiança e distanciamento aumentaram. Mostrava-se apetitoso associar o pequeno Paraguai no século anterior num imaginado confronto com a Inglaterra. Os ingleses fizeram antes, nessa tese, o que os norte-americanos estariam fazendo agora com a maioria dos países da região.

A presença norte-americana na América Latina – que cresceu ainda mais na Guerra Fria com a aliança com os militares – provavelmente ajudou na formação da crença regional, traduzida em livros e debates, de que a Inglaterra fizera o mesmo com o "socialista" Paraguai do século anterior. Nessa trilha de raciocínio, há outros assuntos e acontecimentos que ajudariam a opor parte da região aos EUA. Um deles foi a política da Boa Vizinhança (1933-1945).[4]

A discussão sobre a política da Boa Vizinhança vem desde o governo Calvin Coolidge (1929-1933). A nova proposta pregava que os EUA deveriam substituir o envio de tropas militares, acabar com a diplomacia do dólar e as intervenções por outra abordagem de camaradagem regional baseada em comércio. Coolidge, em plena Depressão econômica, não pôde colocá-la em prática. Seu sucessor, Franklin Delano Roosevelt (1933-1945), o faria.

Dali em diante, era o mote, os EUA não invadiriam mais países da região e se afastariam daqueles em que estivessem. E se afastaram ao longo de algum tempo, incluindo acabar com a Emenda Platt na constituição cubana. Agora o que prevaleceria seria o comércio. Chegou-se a acreditar que algo positivo surgia e que seria duradouro no relacionamento entre as duas bandas da América.

Haverá, mais tarde, enorme frustração na América Latina com a nova postura norte-americana depois da Segunda Guerra Mundial. É que não foi observado naquela aproximação que ela estava baseada em fatos e interesse imediatos dos EUA: um econômico e outro de política internacional.

Os norte-americanos, em grave crise econômica com a Depressão, precisavam vender bens fora para gerar emprego e renda internamente. Um dos lugares em que os produtos norte-americanos já tinham aceitação, que vinha desde a década passada, era a América Latina. Os europeus gradativamente haviam entregado quase todo o espaço regional do comércio para os norte-americanos. O motivo econômico era vender bens industriais e comprar da região produtos primários.

Criaram, como exemplo, cotas para compra de café do Brasil e em outros países. Satisfaziam a elite de cada um deles por ter mercado certo nos EUA e ajudavam a não se ter solavancos políticos por aqui. Esses produtos não competiam com os produzidos lá e, para piorar, empurrou a América Latina a produzir mais bens primários e não industriais.

O outro motivo é que algo diferente ocorria na Europa: o nazismo chegara ao poder na Alemanha. Os norte-americanos resolveram blindar a região que já estava sob sua tutela econômica e de influência cultural. Os muitos encontros pan-americanos do período tratavam principalmente da segurança regional contra interesses de fora da América.

Talvez a parte da política da Boa Vizinhança que mais atingiu a todos foi a da área cultural. O cinema norte-americano, que era crítico sobre o comportamento regional, abrandou suas críticas sutis e não sutis. Cinema, música e comportamento dos EUA entram fortemente na América Latina. Era até um paradoxo: muitos contra os meios e maneiras dos norte-americanos na economia e política, e tantos outros sendo seduzidos nas demais áreas da vivência deles.

Esse momento pode ser traduzido na imagem de Carmem Miranda nos EUA. A música brasileira e a cubana tiveram espaço naquele país. Os estúdios da Disney criaram o Zé Carioca, um malandro que não trabalhava e vivia de espertezas. Era como viam o Brasil. Representando o México, o estúdio criou o Panchito, um galo estilizado que andava armado com dois revólveres e por qualquer motivo dava tiros. Era como o imaginário popular dali associava o México e suas revoluções.

Intelectuais dos EUA vinham à América Latina para conferências e até houve um bom relacionamento com os daqui. Nelson Rockfeller com seu *Office of Inter-American Affairs*, escritório sobre assuntos interamericanos, era o homem que conduzia esse novo alinhamento com a região. Era o encarregado de alinhar a área contra o nazismo e de aumentar a exportação de seu país.

Para colaborar com aquele novo momento, o antropólogo teuto-americano Franz Boas desenvolvera a teoria de que a cultura não era exclusiva do homem branco. Qualquer povo, em qualquer lugar, com seus meios e costumes, cria suas maneiras e culturas. Uma interpretação simples e aceita hoje e que não era por parte da maioria dos norte-americanos por muito tempo. Fatos indicam que essa nova visão de mundo agradou o meio intelectual latino-americano.

Tudo caminhou bem até o fim da Segunda Guerra Mundial. Os EUA saem dela como uma das duas grandes potências do mundo. A Inglaterra, desde a rebelião na Grécia, entregará à sua ex-colônia o bastão em defesa dos princípios que eles defendem. Tendo que fazer enfrentamentos com a União Soviética em diferentes lugares do mundo, os EUA vão praticamente abandonar todas aquelas mesuras de aproximação com a América Latina. Nada mais de ajuda: agora funcionariam as regras do capitalismo. A região só receberia recursos para investimentos de empresas privadas daquele país. Logo começam novamente as invasões e derrubadas de governos com receio de que fossem comunistas. Volta-se ao que era antes. A Guerra Fria mata a política da Boa Vizinhança.

Talvez possa ser dito que os que mais sentiram esse afastamento brusco, que se sentiram frustrados por aquela aproximação de ocasião, foram os intelectuais. Daí talvez passarem à crítica aberta aos norte-americanos e muitos passam a aceitar as teses de Moscou.

Para ajudar nessa direção, Cuba mostrava algum progresso e a União Soviética tinha força para enfrentar os EUA ou qualquer outro país. Também tinha armas nucleares, o Sputnik, que circulou a Terra em 1957, e a viagem espacial do astronauta Yuri Gagarin, em 1961, mostravam que, naquele momento, Moscou possuía tecnologia até mais avançada que os EUA. E lá vicejava o socialismo. O rumo a ser seguido, até mesmo com a certeza de que se estava no caminho correto, era aquele. O adversário passou a ser ainda mais os EUA.

Este país, na busca de seus interesses, endureceu o cenário político ao dar apoio aos militares e à parte da elite regional. No jogo duro que se estabeleceu, os intelectuais e as universidades tiveram papel importante. Na hipótese aventada, não parece difícil associar os atos norte-americanos do período com os supostos dos ingleses no Rio da Prata no século XIX.

Interpretações apareceram apontando o dedo para os ingleses. Como o momento era de efervescência regional, não se indagava de onde se tiraram aquelas informações de que o capitalismo inglês provocou a guerra contra o pequeno e valente Paraguai. Livros sobre o assunto vendiam aos milhares.

Foi até bom para começar uma discussão mais aprofundada sobre o maior conflito armado da América do Sul. Ajudou no aparecimento de novas teses sobre a guerra. E a discussão continuará. Mais pesquisas podem mostrar dados e fatos diferentes sobre esse tema. Essa história "não acabou".

Ocorrem mais acontecimentos da América Latina no momento da Guerra Fria que ajudam a criar um clima contra ações dos EUA na área. E que podem ter levado parte da gente regional, que aceitava os princípios do socialismo, a associar com o que aconteceu no Prata e que desemboca numa guerra atroz.

Um desses movimentos foi a Teoria da Dependência, do início da década de 1960 e com força maior na década seguinte, quando dos militares no poder. A Teoria expressava o momento. Seus expoentes são os chamados neomarxistas, que não acreditavam em desenvolvimento autônomo regional sem um rompimento com os grandes centros hegemônicos do capitalismo, ou seja, uma revolução socialista seria o caminho.[5]

A Teoria tentava ser a alternativa à tese da Comissão Econômica para a América Latina e o Caribe (Cepal), criada em 1948, com sede em Santiago, de desenvolvimento dentro das regras do capitalismo. Foi a Cepal que tentou na região a integração econômica através da Associação Latino-americana de Livre Comércio (Alalc). Dizia que os mercados dos países latino-americanos não eram suficientes para terem indústrias com alguma sofisticação. Era preciso aumentá-los por intermédio da integração econômica entre as várias economias regionais. Aí daria para se ter bens de qualidade e de preço competitivo com outros centros do mundo. A Teoria da Dependência não acreditava na tese da Cepal que, aliás, fracassou anos à frente.[6]

A Teoria da Dependência, com sofisticadas interpretações, procurava estudar o relacionamento das chamadas economias subdesenvolvidas com os países mais desenvolvidos ou hegemônicos. Essa dependência se estende também para o campo político e acaba moldando o desenvolvimento errado dos países periféricos. A relação entre os dois lados é perversa. O mundo industrializado impõe preços nos produtos dos países mais pobres, vende sempre mais caro seus bens industrializados e, como consequência, suga a pouca renda nacional.

A Teoria dizia ainda que havia uma ligação do capital externo com a chamada burguesia nacional, uma união que deveria ser rompida, se necessário à força. O atraso latino-americano se dava "por causa de obstáculos externos ao desenvolvimento nacional, uma consequência do imperialismo e também de um feudalismo interno que, combinados, atrapalhavam o crescimento regional".[7]

Esse modelo mundial capitalista prejudicava, portanto, os países mais pobres e, diante dessa situação, não havia meio de romper esse círculo do mal a não ser com algo mais forte. Uma guinada no modelo só poderia ser para o outro lado ou o socialismo, no momento em que a União Soviética e outros países no mundo ofereciam essa opção.

A análise, brilhante e sofisticada, é pelo viés marxista. Uma exposição dessas em aulas, conferências ou em livros ajudava a manter um fio de esperança de que algo novo poderia ocorrer na dobra da esquina e que se criaria um país autônomo em suas decisões políticas, na defesa dos interesses nacionais, e não subordinado às supostas diretrizes do capitalismo internacional.

Ponto de vista semelhante dos defensores da tentativa do desenvolvimento autônomo paraguaio no século XIX. O Paraguai antes fora o modelo destruído pelos ingleses. A população agora deveria ser alertada para que naquele novo momento não ocorresse fato parecido.

A Teoria da Dependência, com o tempo, foi se adaptando a fatos novos. Seus defensores, de forma inteligente, criavam diferentes interpretações frente a acontecimentos que surgiam. Apareceu a chamada nova dependência. É que as multinacionais estavam chegando, principalmente em países como Brasil, Argentina e México, e a dependência nova seria por tecnologias, mais capital externo, remessa de lucro. No Brasil daquele período foi intenso o discurso contra a remessa de lucro, pois estariam sangrando o país com o envio desses recursos para suas matrizes.

Na nova interpretação da Teoria, a situação maligna continuava, nunca haveria um desenvolvimento autônomo e nacional se isso não fosse rompido. A base intelectual da Teoria era a busca pelo desenvolvimento autônomo da região, sem peias e amarras criadas pelo capitalismo internacional. Assim agira o Paraguai antes da guerra, defendia uma corrente historiográfica.

Houve interpretações, entre as que defendiam a Teoria, que diziam que a América Latina poderia se desenvolver, ter ganhos com o capitalismo, sem chegar a uma revolução socialista. Estes intelectuais eram vistos de forma enviesada pelos mais puros defensores do rompimento com os países centrais ou hegemônicos. Outra tese foi a do subimperialismo. O caso brasileiro é emblemático ao se expandir para países vizinhos, começando pelo Paraguai. As multinacionais fizeram do Brasil uma plataforma para exportar bens para países ao nosso redor.

Mais tarde, a Teoria da Dependência teve problemas quando fatos ocorridos no mundo mostravam que países periféricos podiam ganhar dinheiro no comércio com os países centrais. Os tigres asiáticos, por exemplo, indicavam esse caminho. Até mesmo o Brasil é citado como um país que conseguia se inserir um pouco melhor no contexto internacional do comércio.

Por muito tempo ainda, a Teoria não deixou de ter influência nos círculos acadêmicos e intelectuais. Para ajudar nessa empreitada, inicia-se na América Latina o desmonte das ditaduras militares. A região entra em novo ciclo de debates políticos e intelectuais. O Muro de Berlim não caíra ainda e se acreditava que a região podia seguir o modelo que havia no Leste europeu.

O núcleo central da Teoria da Dependência estava em encontrar meios para que a região se desenvolvesse sem os garrotes do capitalismo internacional. No século XIX, imaginava-se que houve um país pequeno na América do Sul que assim agia. O modelo paraguaio foi entronizado como algo que deveria ser seguido nos tempos mais recentes. Aquele modelo não dera certo porque outro país o destruíra com receio de se espalhar pela região. A Teoria ajudava nessa crença.

No mesmo momento em que vicejava a Teoria da Dependência apareceu a Teologia da Libertação.[8] Baseava-se numa decisão do Concilio Vaticano II em que a Igreja Católica fazia a "opção pelos pobres". Irão se proliferar as Comunidades Eclesiais de Base, outro caminho da esquerda regional. No meio da Guerra Fria publica-se uma encíclica que falava que não era pecado, não era errado, lutar pelos mais pobres. Era preciso fazer com que as políticas públicas beneficiassem esse enorme segmento nos diferentes países. Podia-se, era a crença da nova teoria, se levantar contra governos autoritários se estes não estivessem trabalhando para resolver os gigantes problemas sociais do povo mais pobre.

Numa América Latina católica desde o período colonial apareceu algo que dizia o contrário do conformismo pregado antes pela mesma Igreja. Um conformismo que fazia com que os mais pobres se resignassem, quase como uma sina, com sua situação num mundo hierarquizado.

Daqui a pouco essa mesma Igreja se penitencia e diz que esse caminho não era mais o correto, a busca seria para, através da política ou de qualquer outra ação até mesmo revolucionária, tentar melhorar a situação social de milhões de latino-americanos. Era como se parte da Igreja católica resolvesse ficar ao lado de Moscou e, por outro lado, estava-se em plena Guerra Fria.

Havia a Doutrina Truman, criada em 1947, de combate ao comunismo onde fosse. Ela foi aprovada no Congresso dos EUA em decisão conjunta dos Partidos Democrata e Republicano. De um lado os movimentos regionais para a esquerda, teorias para lhes darem suporte, levante contra militares no poder, no mesmo momento em que, por decisão bipartidária, os EUA atuavam em outra direção.

A Teologia da Libertação acabará sendo enterrada no suposto acordo entre o governo Ronald Reagan (1981-1989) e o papa João Paulo II. O papa condenou essa movimentação com o argumento de que a Igreja não devia se envolver nos assuntos políticos, devia se preocupar com a outra vida. Reagan e Karol Wojtyla se ajudam. Um no ataque ao comunismo, incluindo o caso da Polônia, terra natal do papa, e a movimentação dos sindicatos dali no confronto final ao sistema desmoronando. Em contrapartida, se acredita que o Vaticano condenou a teoria que dava margem para que gente da Igreja, ou perto dela, se movimentasse a favor de algo que até alterasse o modelo econômico e político de um país.

Mais uma frustração regional e principalmente intelectual. Cria-se no período uma grande oposição às ações dos norte-americanos na região. A política externa norte-americana e o receio de sua força econômica colocavam e colocam muita gente da América Latina a olhar desconfiado para o país do norte. No ponto de vista aqui esposado, haveria uma conexão com os fatos ocorridos antes na Bacia do Prata.

Os EUA ainda iriam tentar algo diferente na América Latina – que também não daria certo, e aumentaria ainda mais a frustração com o país acima do Rio Grande. O governo John Kennedy (1961-1963) entende que seria melhor dar ajuda humanitária e favorecer o desenvolvimento na região para, diferentemente de outras teses, afastar o povo do lado socialista. Um povo sem meios de sobrevivência, sem qualidade mínima de vida, seria, na interpretação, presa fácil aos acenos de Moscou. Vai criar a Aliança para o Progresso.

A quantia inicial prevista seria de 20 bilhões de dólares para o plano de longo prazo como também para resolver os problemas mais imediatos da população pobre. Era uma espécie de Plano Marshall tardio: agora se colocaria dinheiro do governo, diferentemente do que se falara logo depois da

Segunda Guerra Mundial. O programa, além de tentar trazer a maior parte da população para o lado dos norte-americanos, tentava também anular o discurso da esquerda na região que usava o problema social para atacar governos e o exterior capitalista.

A Aliança teve problemas para ser concretizada e, para piorar, em 1963, John Kennedy, seu idealizador, foi assassinado em Dallas. Seu sucessor, Lindon Johnson, nunca fora um entusiasta do projeto. Não lutou junto ao Congresso por mais recursos. Os EUA, na década de 1960, passavam por agudos problemas internos. Desde quando Rosa Parks, em Montgomery, deu seu grito de revolta, os negros nos EUA estavam em ofensiva para melhorar sua situação no país.

A imagem dos norte-americanos estava sendo arranhada. Como é que um país que saiu da Segunda Guerra como campeão de democracia e de bem-estar social tinha um segmento enorme que não participava da riqueza nacional? Johnson vai dirigir recursos para esse segmento no que se chamou *war on poverty*. Em vez de mandar dinheiro para resolver problemas sociais na América Latina, seria melhor usá-lo para resolver os seus problemas.

Isso tinha ligação com outro fato externo: a Guerra do Vietnã que não era popular e não agradava à maioria dos norte-americanos. Com uma ajuda interna talvez até minorasse a crítica pela participação no conflito no sudeste asiático. A Aliança para o Progresso morreria de inanição.

Foi mais um fracasso no relacionamento entre os dois lados da América. Mais uma frustração que deu ainda mais combustível para a esquerda em sua luta contra a presença norte-americana na região.

Forma-se na América Latina, Brasil incluído, uma descrença nos EUA. Teoria da Dependência, Teologia da Libertação, Aliança para o Progresso – que ficou pelo meio do caminho – governos militares, guerras de libertação pelo mundo, apoio dos EUA às ditaduras regionais... Cria-se um clima contra aquele país.

É nesse contexto que irão aparecer livros que mostravam que no século XIX outro país, Inglaterra, cometera atos que seu filho colonial cometia agora. Na hipótese aqui aventada, associa-se o que lá houve com o que estava havendo naquele momento. Lá, como agora, foi uma luta entre um gigante e um pequeno e, no geral, há uma tendência em se pôr ao lado daquele que se mostra mais fraco numa equação. Seria o caso do Paraguai antes e o da América Latina perante o poderio dos EUA.

Não importava que não se mostrasse de onde se tirou a informação de que fora a Inglaterra que fez a Guerra do Paraguai. Os fatos sugerem que aquele momento era tão intenso contra ações capitalistas que nem se pedia isso. Mostrava também que, dependendo de circunstâncias e conjuntura, um assunto histórico pode ser manipulado e que é possível criar uma interpretação histórica que satisfaça um momento.

Encabula como o tema foi aceito pela maior parte da população. Não só encabula, também encanta. Encanta indagar como se chega a um aceite quase unânime de um assunto no meio popular e em grande parte das escolas dos diferentes países. Os autores da tese foram e ainda são respeitados e citados em tantos momentos e situações. Porém, uma simples observação dos fatos regionais e a situação de cada país serviriam para inferir alternativas diferentes.

Mesmo que livros comecem a mudar aquele ponto de vista, a crença de que foi a Inglaterra a mentora daquela guerra não desapareceu do imaginário popular. Muitos ainda levam um susto quando se argui em direção diferente. Entender esse comportamento regional não é fácil. Fica-se em suposições.

Seria complexo de superioridade acreditar que a região teria ou tem força e meios para enfrentar desafios com grandes potências? Será, ao contrário, que é algum tipo de complexo regional se achar pequeno e usado por outros interesses? Daí a reação contra a presença de países mais fortes economicamente, seja antes ou agora? Será que é querer dar importância a pessoas e países e colocá-los entre os grandes acontecimentos e nações do mundo? Seria a demonstração de que a região é importante, capaz até de preocupar o mundo mais desenvolvido? Se não fosse, por que então viriam aqui fazer uma guerra destruidora?

Será ainda, principalmente em certos segmentos da sociedade, que é para se sentir partícipe do jogo do capitalismo mundial? No caso, com a potência principal daquele momento, e que praticava um jogo bruto na arena internacional? Será por que a região transmitia uma história mais oral e o aceite dessa tese se espalhou dessa maneira? Há tantas perguntas e divagações para tantos outros "sei lá". O espaço é amplo para outras suposições e ilações a partir daquele acontecimento histórico.

A verdade é que fatos regionais mostravam uma realidade complicada na Bacia do Prata desde a independência. Havia entreveros e choques entre países e até dentro do mesmo país. Tem-se uma amostra concreta dessa busca de acomodação política ao longo dos capítulos anteriores. Os assuntos aparecem aos borbotões.

Paraguai e Uruguai foram parte do antigo vice-reinado do Prata, com sede em Buenos Aires. Ficaram independentes e a luta foi mais para se afastarem dos portenhos do que da Espanha. O Brasil ajudou na luta contra Juan Manuel de Rosas na Argentina. Esteve também com um pé no Uruguai.

Até motivos ideológicos ajudam a aquecer a temperatura política regional. De um lado os conservadores, tendo como representantes Solano Lopez, Justo José de Urquiza e outros personagens das províncias argentinas, e ainda o Partido Blanco no Uruguai. Os liberais estariam com os unitários de Bartolomé Mitre, dos gaúchos no Brasil e dos colorados de Venancio Flores. Quando Solano Lopez falava em equilíbrio da balança de poder no Prata, talvez se referisse a isso. Se caíssem os blancos, por exemplo, haveria o tal desequilíbrio e o Paraguai e as províncias da Argentina teriam espaço menor de manobra política regional.

No final, com exceção das províncias argentinas, a formação das alianças para a guerra obedeceu a essa escrita. Talvez possa ser dito que a não participação das províncias argentinas ocorreu porque não houve um trabalho, nos moldes feitos pelos blancos no Paraguai, para ganhá-las para a causa. Além do que, Solano Lopez não aceitou as ponderações do secretário particular de Urquiza, Julio Victorica, mandado para conversar com ele, para que não invadisse províncias do país. Ele o fez em Corrientes (quem sabe pensando em levar o povo para sua causa, mesmo sem suas lideranças). No momento em que ele assim procedeu, colocou Urquiza e Mitre na defesa da nacionalidade. O jogo para separá-los não deu certo para Lopez, portanto.

Havia também na região disputas de fronteiras e navegação. Era o caso do Brasil com o Paraguai. Para atingir a província de Mato Grosso se saía do Rio de Janeiro pelo mar e subia-se pelos rios, principalmente na hidrovia Paraguai-Paraná, para se chegar à distante província. Ela, por algum tempo, teve capital argentino e uruguaio em saladeiros e mate. Era mais fácil à elite local ir a Buenos Aires ou Montevidéu do que ao Rio de Janeiro.

A preocupação do governo brasileiro com essa presença de capital argentino e uruguaio era tanta, que é possível conjeturar que o ramal da ferrovia Noroeste do Brasil, construído de maneira rápida e que chegou às barrancas do rio Paraguai em Porto Esperança, em 1914, foi para afastar Mato Grosso daquela influência de países da região. Com a ferrovia não se precisava mais navegar até os países do Prata. Logo abaixo de Corumbá se tomava a ferrovia que ia para São Paulo. Um historiador norte-americano, Zephyr Frank, escreveu que 40% da renda de Mato Grosso era do comércio pelo rio.[9] A ferrovia praticamente acabou com ele.

Para atingir aquela província, algumas vezes o Brasil teve que mostrar musculatura para que os paraguaios não perturbassem essa ligação. Os paraguaios recuaram nos tempos de Carlos Antonio Lopez, que sempre quis resolver o problema de navegação, mas queria que o Brasil resolvesse também a questão de fronteira entre os dois países. Havia, portanto, clima de hostilidade.

São fatores mais distantes. Fatos mais recentes é que empurraram os países da região para a guerra que viria. A guerra civil no Uruguai entre os Partidos Blanco e Colorado é o estopim que faltava. Com a luta interna, sem poder dar garantias aos interesses de brasileiros no Uruguai, haverá muita queixa do Brasil sobre isso.

Gaúchos brasileiros tinham propriedades no Uruguai. A guerra civil atrapalhava os negócios. Eles apelam mais tarde para o Imperador. Quando o general Antonio de Souza Netto vai ao Rio de Janeiro com uma carta demanda, em que historia tudo que estava acontecendo com os gaúchos no Uruguai, o assunto tomou rumo perigoso. No momento em que o Congresso do Brasil tomou conhecimento das queixas do sul, aquela casa virou um lugar de ataques ao que ocorria no Uruguai. Pedem com veemência uma ação do governo do país.

O que se debatia na Câmara dos Deputados e no Senado era reproduzido em detalhes na imprensa em Montevidéu. Não havia publicações que fossem contra o governo ou a favor do Partido Colorado. O que a imprensa dali publicou sobre os debates no Congresso no Brasil é fartamente comentado e também documentado com o envio de muitas matérias para o Rio de Janeiro pelo representante diplomático do Brasil em Montevidéu, João Alves Loureiro, e pelo enviado brasileiro àquele país, José Antonio Saraiva.

Os debates no Congresso sobre a situação dos gaúchos no Uruguai, publicados na imprensa do país vizinho, ajudaram a complicar a relação entre os dois países.

A política externa do Império para o Rio da Prata era de não interferência. Havia tido problemas antes, se gastou tempo, dinheiro e diplomacia. A decisão foi de não se imiscuir nos assuntos dos países dali. Por causa do Império, o Brasil tinha mais estabilidade política. Os outros países, depois da independência, tomarão tempo para se ajustarem politicamente. Revoluções e guerras civis eram constantes.

Mas as queixas gaúchas foram tantas e tão fortes, com jornais da época tomando esse lado também, que o governo imperial vai tomar uma decisão que ajudaria a levar o país à guerra. Manda-se a missão de José Antonio Saraiva ao Uruguai. Nada se conseguiu e um dia o Brasil invadiu o Uruguai para apear do poder os blancos e colocar ali seus supostos amigos, os colorados com Venancio Flores.

Mas os blancos estavam em tratativas com o governo do Paraguai desde Carlos Antonio Lopez. Aumentam essa aproximação diplomática com fins guerreiros com Solano Lopez. Os blancos conseguem levar à liça o desconfiado Paraguai, um país que tinha participação menor nos assuntos locais. Não se acreditava que ele pudesse fazer algo maior na região. Um enorme erro de avaliação.

Impressiona como representantes do Brasil ali designados não deram a atenção devida à ação dos blancos em Assunção. Talvez possa ser arguido que para aquele país não iam bons diplomatas e ainda os que ali estavam não se importavam com o Paraguai. O Império já fizera aquele país recuar em suas queixas anteriores, poderia ser feito outras vezes também. Não se encontra nos documentos, debates no Congresso, jornais, dados que mostrem uma atuação adequada da diplomacia brasileira no país guarani. Uma falha que trará consequências dramáticas para o Império.

É estranha a alegação de que a embaixada brasileira em Assunção era espionada e por esse motivo não se fazia a observação diplomática necessária. Parece uma escusa pelo que não se fez de trabalho diplomático antes. Povos em litígio querem saber mesmo o que o outro estaria tramando ou pensando fazer. Se o Paraguai achava que o Brasil era um adversário na arena regional, nada mais natural em querer saber os passos diplomáticos daquele país para não ser apanhado de surpresa. Mas fazer dessa suposta espionagem um dos motivos pelo trabalho diplomático não bem feito ali é que é estranho.

A guerra civil no Uruguai será o estopim imediato para a eclosão da futura guerra entre os quatro países da região. Impressiona nesse episódio a participação dos diplomatas ingleses em Buenos Aires, Edward Thornton, e em Montevidéu, William G. Lettsom. Nas correspondências de ambos para Londres e de lá para eles não há indícios ou provas que mostrem que a Inglaterra maquinou a guerra. Aliás, pelo contrário, os enviados ingleses lutaram pela paz no Uruguai. Sabiam que o conflito era o paiol de pólvora da região.

Thornton foi convidado pelos argentinos e depois pelos brasileiros para atuar na busca da paz. Um fato desses pode ser visto como intromissão nos assuntos da região. A Inglaterra era a maior potência do mundo e ter sua boa vontade era importante. Hoje os EUA são chamados para assuntos do mundo que aparentemente teriam pouco interesse para aquele país. Quem solicita sua intervenção, age de forma pragmática e de acordo com regras não escritas da arena internacional. Não foi diferente no Prata. Não se encontra, repete-se, nos documentos liberados, informação que mostre que Londres instigou ou manipulou três países para destruir o perigoso Paraguai.

A tese defendida era que o Paraguai estava se desenvolvendo de forma autônoma e soberana. Um modelo regional que amedrontava o capital inglês. Na verdade, o Paraguai não acumulara capital nem tinha tecnologia para iniciar uma revolução industrial na região. Foi-se construindo ao longo dos anos o mito de que seu desenvolvimento autônomo poderia ser um exemplo negativo para os interesses ingleses naquela parte do mundo. Era preciso destruir o modelo, uma guerra foi inventada. O momento latino-americano aceitou o ponto de vista. A Teoria da Dependência talvez tenha dado os instrumentos teóricos para isso.

É preciso dar ênfase ao descontentamento do Rio Grande do Sul com o que ocorria com os gaúchos no Uruguai e aos problemas do próprio estado. Ali houve antes a Revolução Farroupilha (1835-1845), de cunho liberal. O Brasil teve que lutar para manter aquela parte do território nacional. O problema dos gaúchos com os blancos trará desconforto e incomodará o Rio de Janeiro com lembranças de fatos anteriores com a sua província do sul.

Trocou-se o presidente da província, mandaram-se soldados com a desculpa de que era para impedir o envio de ajuda a Flores. Era a preocupação do governo Imperial com os fatos no sul que poderiam gerar alguma movimentação dos gaúchos contra o governo no Rio. Aceitou-se mandar a missão Saraiva ao Uruguai por causa da pressão do sul do país. Parecia mais fácil enfrentar os blancos do que os gaúchos.

Os blancos tinham um adversário em luta no interior, não tinham apoio de Buenos Aires nem de potência de fora. Enfrentá-los seria melhor do que um rebelde do Rio Grande. Não se leva em conta, ou não se teve informação suficiente, sobre o que ocorria no Paraguai e também do trabalho diplomático feito pelos blancos junto ao governo em Assunção. Quando se acordou, o fogaréu já estava criado. O descontentamento do Rio Grande do Sul talvez seja um assunto até mais apetitoso e sugestivo para se trabalhar do que a tese de que a Inglaterra provocou o conflito no Prata.

A radicalização dos blancos à proposta de paz que Brasil, Argentina e Inglaterra tentaram, quem sabe esteja estribada em alguns dados. Um era o receio de ser apeado do poder e ter no lugar seus adversários, os colorados. Praticaram ato violento com o assassinato de gente importante dos colorados em Quinteros e tinham receio de uma vingança a uma ação que fugiu das regras locais. Um lado derrubava o outro, mas não chegava a matar seus desafetos. Em Quinteros ocorreu o inverso.

Outro dado do radicalismo é que os blancos e também o Paraguai de Solano Lopez não queriam mais atuar de forma menor no jogo político da região, em que Argentina e Brasil os empurravam para lá e para cá. Aceitavam um confronto maior para tentar acabar com esse empurra-empurra regional. Aliás, os documentos falam nisso. Lopez, por exemplo, queria que seu país tivesse um assento de destaque na política local entre os maiores países. O Paraguai era considerado país de segunda classe quando se referia a assuntos e decisões regionais. Não aceitava mais aquela desconsideração.

Por causa dessa tentativa em ser partícipe dos assuntos da área, com desprezo, tenta-se colocar Solano Lopez como megalômano. Ou que queria ser o Napoleão da América do Sul ou expandir o território do seu país até não se sabe onde. Ou ainda que queria casar com a filha do Imperador do Brasil, e tantas outras invenções a respeito dele.

Ele também não era o estadista e magnânimo que tentaram pintá-lo. Foi a uma luta difícil e desigual. Virou herói nacional a um custo muito alto para seu país. Talvez se possa dizer que, mesmo frente ao grande baque nacional com a derrota na guerra, os paraguaios têm orgulho daquele feito.

Outra hipótese comentada é que o Brasil foi à guerra para tomar território em disputa com o Paraguai. Que o exército brasileiro foi magnífico em suas ações militares. Ou que os paraguaios foram todos heroicos e o outro lado desumano. Não há também uma estatística confiável sobre quantos paraguaios morreram no campo de batalha ou de quantos homens sobreviveram depois da guerra.

A guerra é polêmica e talvez sirva para reflexão sobre caminhos da historiografia. Um assunto pode ser trabalhado na direção que seja interessante para esse ou aquele momento e situação. Ou mesmo para benefício de certos grupos ou até país. Consegue-se fazer mentes e corações penderam para esse ou aquele lado. O caso da Guerra do Paraguai é emblemático e talvez merecesse mais estudos e análises sobre esse uso da história. Ao se levantar mais informações para esse debate, já se estaria buscando dados novos sobre o maior conflito armado que a América do Sul teve.

NOTAS

[1] Apud Enrique Krauze, *Os redentores: ideias e poder na América Latina*, São Paulo, Benvirá, 2011.
[2] É um rio que separa o México dos EUA. Consequentemente, para baixo dele está a América Latina.
[3] Apud Enrique Krauze, op. cit., p. 59.
[4] Alfredo da Mota Menezes, *Ingênuos, pobres e católicos: a relação dos EUA com a América Latina*, Rio de Janeiro, Fundo de Cultura, 2010.
[5] Idem, pp. 120-5.
[6] Alfredo da Mota Menezes, *Do sonho à realidade: a integração econômica latino-americana*, São Paulo, Alfa-Omega, 1990.
[7] Alfredo da Mota Menezes, *Ingênuos, Pobres e Católicos: a relação dos EUA com a América Latina*. Rio de Janeiro: Fundo de Cultura, 2010, p. 121.
[8] Idem, p. 120.
[9] Zephyr Frank, *The Brazilian Far West*: Frontier Development in Mato Grosso, 1870-1937, Urbana-Champaign, 1999, Tese, PhD em História, University of Illinois, EUA.

Bibliografia

AMAYO, Enrique. Guerras imperiais na América Latina do século XIX: a Guerra do Paraguai em perspectiva histórica. São Paulo: Instituto de Estudos Avançados da USP, n. 24, maio a ago. 1995.

ANGEL DE MARCO, Miguel. *La Guerra del Paraguay*. Buenos Aires: Planeta, 2003.

BANDEIRA, Luiz A. Moniz. *O expansionismo brasileiro*: o papel do Brasil na Bacia do Prata. Rio de Janeiro: Philobiblion, 1985.

BARRIO, Cesar de Oliveira Lima. *A missão Paranhos ao Prata (1864-1865)*: diplomacia e política na eclosão da Guerra do Paraguai. Brasília, 2004. Dissertação (Mestrado em Relações Internacionais) – Fundação Alexandre de Gusmão.

BETHELL, Leslie. O imperialismo britânico e a Guerra do Paraguai. São Paulo: Instituto de Estudos Avançados da USP, n. 24, maio a ago. 1995.

BOX, Pelham Horton. *The Origins of the Paraguayan War*. New York: Russell&Russell, 1967.

BRITISH DOCUMENTS ON FOREIGN AFFAIRS. Reports and Papers from the Foreign Office. Confidential Print. General Editors Kenneth Bourne and Cameron Watt, Part I – From the Mid-Ninneteenth Century to the First World War, series D – Latin America, 1845-1912.

CAMPOBASSI, José. *Mitre y su época*. Buenos Aires: Losada, 1982.

CÁRCANO, Ramón. *Guerra del Paraguay*: origenes y causas. Buenos Aires: D. Viau y Cia. 1939.

CARDOSO, Efraim. *Urquiza y la Guerra del Paraguay*. Buenos Aires: Academia Nacional de La Historia, jan. a jun. 1967.

_____. *Vísperas de La Guerra del Paraguay*. Buenos Aires: El Ateneo, 1954.

_____. *El Imperio del Brasil y el Rio de La Plata*: antecedentes y estallido de la Guerra del Paraguay. Buenos Aires: Libreria del Plata, 1961.

CASTAGNINO, Leonardo. *Guerra del Paraguay*: la triple alianza contra los países del Plata. Buenos Aires: Ed. Fabro, 2011.

CERVO, Amado Luiz. *O Parlamento brasileiro e as relações exteriores (1826-1889)*. Brasília: Ed. da Universidade de Brasília, 1981.

_____.; Bueno, Clodoaldo. *História da política exterior do Brasil*. Brasília: Instituto Brasileiro de Relações Internacionais/Ed. da Universidade de Brasília, 2002.

Chiavenatto, Julio José. *Genocídio americano*: a Guerra do Paraguai. São Paulo: Brasiliense, 1979.

Doratiotto, Francisco. *Maldita Guerra*: nova história da Guerra do Paraguai. São Paulo: Companhia das Letras, 2002.

Ferns, H. S. *Gran-Bretaña y Argentina en el siglo xix*. Buenos Aires: Solar-Hacchetti, 1972.

Fornos Penalba, José Alfredo. *The Fourth Ally*: Great Britain and the War of the Triple Alliance. Los Angeles, 1979. Tese (PhD) – University of California.

Fragoso, Augusto Tasso. *História da Guerra entre a Tríplice Aliança e o Paraguay*. Rio de Janeiro: Freitas Bastos, 1956.

Galeano, Eduardo. *As veias abertas da América Latina*. São Paulo: Paz e Terra, 1971.

Gesualdo, Vicente. *La trágica Guerra del Paraguay*. Buenos Aires: Ed. AP, n. 60, fev. 1995.

González, Natalicio. *La Guerra al Paraguay:* imperialismo y nacionalismo en el Plata. Buenos Aires: Sudestado, 1968.

Great Britain Foreign Office. General Correspondence. Biblioteca da Tulane University: Argentina Report, 1852-1905, microfilme (MIC) 759/anos 1864-1865.

Guido Spano, Carlos. *Proceso a la Guerra del Paraguay*. Prólogo de Leon Pomer. Buenos Aires: Ed. Calden, 1968.

Herrera, Luis Alberto de. *La diplomacia oriental en el Paraguay*: correspondencia oficial y privada del Doctor Juan José de Herrera. Ministro de Relaciones Exteriores de los Gobiernos Berro y Aguirre. Montevidéu, 3 v., sem editor, 1908-1919.

Kolinsky, Charles J. *Independence or Death*: the History of the Paraguayan War. Gainesville: University of Florida, 1965.

Kraay, Hendrik; Whighan, Thomas (eds.). *I Die with my Country*: Perspectives on the Paraguayan War, 1864-1870. Lincoln: University of Nebraska Press, 2004.

Krauer, Juan Carlos Herken. Proceso económico del Paraguay: la visión del cónsul Hendersen, 1851-1860. *Revista Paraguaya de Sociologia*. Assunção, 1982.

_____.; Harken, Maria Gimenez. *Gran Bretaña y La Guerra de La Triple Alianza*. Asunción: Arte Nuevo, 1983.

Leslie, Bethel (org.). *A Guerra do Paraguai*: 130 anos depois. Rio: Relume Dumará, 1995.

Leuchars, Chris. *To the Bitter End*: Paraguay and the War of the Triple Alliance. Westport: Greenwood Press, 2002.

Lobo, Hélio. *Antes da Guerra*: a missão Saraiva ou os preliminares do conflicto com o Paraguay. Rio: Imprensa Inglesa, 1914.

Machado, Carlos. *Historia de los orientales*. Montevidéu: Ed. de La Banda Oriental, 1973.

McLynn, F. J. The Causes of the War of the Triple Alliance: an Interpretation. *Inter American Economic Affairs*. Washington, fev. 1979.

Mellid, Atilio Garcia. *Proceso a los falsificadores de la historia del Paraguay*. Buenos Aires: Theoria, 1964.

Menezes, Alfredo da Mota. *Guerra do Paraguai*: como construímos o conflito. São Paulo: Contexto, 1998.

Mota, Carlos Guilherme. A história de um silêncio: a guerra contra o Paraguai. São Paulo: Instituto de Estudos Avançados da USP, n. 24, maio a ago. 1995.

O'Leary, Juan. *Nuestra epopeia*. Prólogo de José Enrique Rodo. Asunción: Libreria La Mundial, 1919.

Oneto y Viana, Carlos. *La diplomacia del Brasil en el Rio de La Plata*. Montevidéu: Libreria de La Universidad, 1903.

Pastore, Mario. State Led Industrialization: the Evidence on Paraguay, 1852-1870. *Journal of Latin American Studies*. Cambridge University Press, maio 1994.

Phelps, Gilbert. *Tragedy of Paraguay*. London: C. Knight, 1975.

Pla, Josefina. *Los britanicos en el Paraguay*: 1850-1870. Asunción: Arte Nuevo, 1984.

Pomer, León. *Os conflitos da Bacia do Prata*. São Paulo: Brasiliense, 1979.

_____. *A Guerra do Paraguai*: a grande tragédia Rio-platense. São Paulo: Global, 1981.

Rebaudi, Arturo. *La declaración de Guerra de La República del Paraguay a La República Argentina*: misión Luis Caminos, misión Cipriano Ayala, declaración de Isidro Ayala. Buenos Aires: Serrantes Haos Impressoras, 1925.

Reber, Vera Blinn. The Demographics of Paraguay: a Reinterpretation of the Great War 1864-1870. *Hispanic American Historical Review*, n. 2, maio, Duke University Press, 1988.

REBOLLO PAZ, León. *La Guerra del Paraguay*: historia de una epopeya. Buenos Aires: Talleres Gráficos Lombardi, 1965.

ROSAS, José Maria. *La Guerra del Paraguay y los montoneros argentinos.* Buenos Aires: Piña Lillo, 1965.

SALLES, Ricardo. *Guerra do Paraguai*: escravidão e cidadania na formação do Exército. Rio de Janeiro: Paz e Terra, 1990.

SALUM-FLECHA, Antonio. *Historia diplomática del Paraguay de 1869 a 1938.* Asunción: Talleres Gráficos Emasa, 1978.

SENA MADUREIRA. *Guerra do Paraguay*: resposta ao senhor Jorge Thompson, auctor de "Guerra del Paraguay" e aos annotones argentinos D. Lewis e A. Estrada. Rio de Janeiro: Typographia do Imperial Instituto Artístico, 1870.

SILIONI, Rolando Segundo. *La diplomacia brasileña en La Cuenca del Plata.* Buenos Aires: Rioplatense, 1975.

SOUZA DOCCA, Emilio Fernandes. *Causas da Guerra com o Paraguay*: autores e responsáveis. Porto Alegre: Cunha, Reutzsch, 1919.

TJARKS, O. E. *Nueva luz sobre el origen de la Guerra de la Triple Alianza.* San José: Universidade Nacional de Costa Rica, 1975.

TORAL, André. *Adeus, chamigo brasileiro*: uma história da Guerra do Paraguai. São Paulo: Companhia das Letras, 1999.

TRIAS, Vivian. *El Paraguay de Francia, el Supremo, a la Guerra de La Triple Alianza.* Buenos Aires: Crisis, 1975.

VICTORICA, Julio. *Urquiza y Mitre.* Buenos Aires: Hyspanoamerica, 1986.

VITTONE, Luis. *Guerra de la Triple Alianza contra el Paraguay.* Assunção: [s.n.], 1962.

WARREN, Harris Gaylord. Litigation in English Courts and Claims against Paraguayan Resulting from the War of the Triple Alliance. *Inter American Economic Affairs.* Washington, abril 1969.

WIGHAM, Thomas. *The Paraguayan War.* Lincoln: University of Nebraska Press, 2002.

_____; POTTHAST, Barbara. Some Strong Reservations: a Critique of Vera Blinn Reber's the Demographics of Paraguay: a Reinterpretation of the Great War, 1864-1870. Hispanic American Historical Review: Duke University Press, nov. 1990.

WILLIAMS, John Hoyt. *The Rise and Fall of the Paraguayan Republic, 1800-70.* Austin: University of Texas at Austin, 1979.

ZARZA, Idalia Flores. *Juan Bautista Alberdi y la defensa del Paraguay en La Guerra contra La Triple Alianza.* Buenos Aires, n/e, 1976.

O autor

Alfredo da Mota Menezes é doutor em História da América Latina pela Tulane University, EUA. Ali também fez o pós-doutorado e lecionou como professor visitante. Foi professor titular na Universidade Federal de Mato Grosso (UFMT). Publicou diversos livros, entre eles *A herança de Stroessner: Brasil-Paraguai, 1955-1980* e *Do sonho à realidade: a integração econômica latino-americana*. Pela Contexto, publicou *Guerra do Paraguai – como construímos o conflito*.

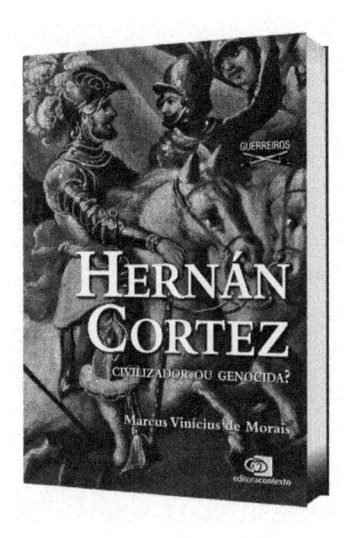

HERNÁN CORTEZ
civilizador ou genocida?

Marcus Vinícius de Morais

Figura indissociável da conquista da América, Hernán Cortez guarda muitas ambiguidades. Representa, ao mesmo tempo, o extermínio de um império indígena vasto e populoso e a origem do povo mestiço que constitui o México. A campanha liderada por Cortez no mundo asteca entraria para a História da cultura ocidental como um dos maiores símbolos do contato entre culturas e o consequente choque de valores de sociedades distintas. E foi a partir desse encontro que um novo mundo, aos poucos, se ergueu e outra sociedade, sincrética, nem europeia e nem indígena, começou a ser formada. Com base em pesquisa realizada em relatos, cartas, memórias e diários de viagens da época, o autor reconstrói a extraordinária epopeia do guerreiro espanhol, cuja imagem oscila entre o símbolo máximo do conflito, da destruição provocada pelas guerras de conquista, e a representação do nascimento de um mundo novo. *Hernán Cortez: civilizador ou genocida?* A resposta fica a critério do leitor desta obra, que traz de volta à luz a vida do conquistador que conseguiu derrotar um dos maiores impérios que a América já teve: o asteca.

CADASTRE-SE
EM NOSSO SITE,
FIQUE POR DENTRO DAS NOVIDADES
E APROVEITE OS MELHORES DESCONTOS

LIVROS NAS ÁREAS DE:

História | Língua Portuguesa
Educação | Geografia | Comunicação
Relações Internacionais | Ciências Sociais
Formação de professor | Interesse geral

ou
editoracontexto.com.br/newscontexto

Siga a Contexto
nas Redes Sociais:
@editoracontexto